Oscar Mätschke

Die Nebensätze der Zeit im Altfranzösischen

Oscar Mätschke

Die Nebensätze der Zeit im Altfranzösischen

ISBN/EAN: 9783744762717

Hergestellt in Europa, USA, Kanada, Australien, Japan

Cover: Foto ©Thomas Meinert / pixelio.de

Weitere Bücher finden Sie auf **www.hansebooks.com**

Die
Nebensätze der Zeit
im Altfranzösischen.

Inaugural-Dissertation

zur Erlangung der philosophischen Doktorwürde

der Christian Albrechts-Universität zu Kiel

vorgelegt von

Oscar Mätschke

aus Fraustadt, Pr. Posen.

Opponenten:

Herr Hans Borckert, cand. rer. nat.

  » Wilh. Wandschneider, Dr. phil.

  » Paul Wichers, cand. phil.

Kiel, 1887.

Druck von A. F. Jensen.

Meinen Eltern

in Liebe und Dankbarkeit.

———

Die Nebensätze der Zeit im Altfranzösischen.

Zur Abfassung der folgenden Arbeit wurden durchgelesen:

Aiol. = Aiol et Mirabel, hsg. von W. Förster. Heilbronn 1876/82.

Alex. = La vie de Saint Alexis, p. p. G. Paris.

Alisc. = Aliscans, ch. d. g., hsg. von F. Guessard und A. de Montaiglon in: Anciens poètes de la France. X.

Amis. = Amis et Amiles, hsg. von K. Hofmann, Erlangen 1882.

Auc. = Aucassin und Nicolete, Ausg. von H. Suchier, Paderborn.

M. Brut = Der Münchener Brut, hsg. von K. Hofmann und K. Vollmöller. Halle.

Chron. = Chronique ascendante des ducs de Normandie. cf. Rou.

Comp. = Der Computus des Philipp von Thaun, hsg. von Dr. E. Mall.

Deus Esp. = Li chevaliers as deus espees, hsg. von W. Förster, Halle 1877. .

D. N. = Benoît, Chronique des ducs de Normandie p. p. Fr. Michel, 1837/44. 3 Bde.

Eulalia in Bartsch, Chrestomathie.

Fier. = Fierabras, hsg. von A. Kröber und G. Servois in: Anciens poètes de la France. IV.

Floov. = Floovant, hsg. von H. Michelant und F. Guessard, ebendort I.

Gar. = Li romans de Garin le Loherain p. p. P. Paris in: Romans des 12 Pairs de France. No. II und III.

Gorm. = Gormont und Isembart, hsg. von Heiligbrodt in: Rom. Studien. III.

Gui. = Gui de Bourgogne, hsg. von Guessard und Michelant in: Anciens poètes de la France. I.

Horn, hsg. von Fr. Michel. 1845.

Jourd. = Jourdains de Blaivies, hsg. von K. Hofmann. cf. Amis.

Leod. = Vie de Saint Léger in: Diez, Zwei altromanische Gedichte.

Lyon = Chrestien de Troyes, li chevaliers au lyon, hsg. von Holland.

Par. = Li romans de Parise la Duchesse, p. p. F. Guessard et Larchey. (A. P. F. IV.)

Pass. = La Passion du Christ. cf. Leod.

Raoul = li romans de Raoul de Cambrai, p. p. M. M. Meyer & Longnon. (Société d. A. T. Fr.)

Ren. = Renaus de Montauban oder Die Haimonskinder, hsg. von Michelant, Stuttgart.

Rol. = Chanson de Roland, hsg. von Gautier, Tours. 15. Auflage.

Strassburger Eide in: Bartsch, Chrestom.

Voyage = Voyage de Charlemagne à Jérusalem et à Constantinople, hsg. von Koschwitz in: Försters Altfranz. Bibliothek. II.

Benutzt wurden ausserdem:

Diez, Grammatik der romanischen Sprachen.

Mätzner, Französische Grammatik.

Lücking, Französische Grammatik für den Schulgebrauch.

Steinbart, Methodische Grammatik der französischen Sprache.

Bischoff, Der Konjunktiv bei Chrestien.

Kowalski, Der Konjunktiv bei Wace, Göttingen 1882.

Bockhoff, Syntaktischer Gebrauch der Tempora im Roland.

Die Arbeiten, welche sonst noch zu Rate gezogen worden, sind an den betreffenden Stellen vermerkt.

Die Nebensätze dienen zur näheren Bestimmung dessen, was im Hauptsatz ausgesagt worden ist. Sie können sein: Subjektsätze, Objektsätze, Attributivsätze und Adverbialsätze. Ihrem Inhalte nach zerfallen die Adverbialsätze wieder in solche

a. des Ortes oder Lokalsätze,

b. der Zeit oder Temporalsätze,

c. des Grundes:

α. des eigentlichen Grundes oder Kausalsätze,

β. des gedachten Grundes oder Konditionalsätze,

γ. des entgegengesetzten Grundes oder Konzessivsätze;

d. der Art und Weise oder Modalsätze,

e. der Folge:

α. der beabsichtigten Folge oder Finalsätze,

β. der unbeabsichtigten Folge oder Konsekutivsätze.

Die Nebensätze der Zeit bilden also eine adverbiale Bestimmung zum Hauptsatze und werden mit diesem durch Konjunktionen verknüpft. Wie das Adjektiv zur näheren Bestimmung eines Substantivs und das Adverb zur näheren Bestimmung einer durch das

Verb ausgedrückten Thätigkeit dient, so wird der temporale Neben-
satz dazu verwendet, die Handlung des im Hauptsatz enthaltenen
Verbs der Zeit nach zu determinieren.

Wie schon im Lateinischen finden sich auch in der altfranzö-
sischen Sprache in den Temporalsätzen beide Modi, Indikativ und
Konjunktiv vertreten. Der Gebrauch des Konjunktivs tritt im Alt-
französischen zwar auch wie im Neufranzösischen hinter dem des
Indikativs zurück, doch ist dort sein Gebiet bei weitem nicht so
beschränkt wie hier, wo er nur noch nach avant que und jusqu' à
ce que verwendet wird. Der Konjunktiv steht im Altfranzösischen
immer, wenn die Tätigkeit des die Haupthandlung der Zeitdauer
nach bestimmenden Nebensatzes der Realität ermangelt. Die deter-
minierte Handlung kann dabei entweder beabsichtigt oder nur ange-
nommen sein; in letzterem Falle ist der Hauptsatz dann negiert,
unsicher fragend oder auch hypothetisch.

Der Hauptsatz kann dem Zeitsatze entweder folgen oder voran-
gehen; folgt der Hauptsatz, so k a n n er durch gewisse Partikeln
eingeleitet werden, welche den lateinischen Partikeln sic und et
entsprechen. Auch demonstrative Adverbien, lateinischem tum ent-
sprechend, können den Nachsatz einleiten.

Die Handlung des temporalen Nebensatzes, bezogen auf die
Haupthandlung, ist mit dieser entweder gleichzeitig oder nicht gleich-
zeitig. Findet letzteres statt, so kann die Nebenhandlung wieder
dem Hauptsatz zeitlich vorangehen oder folgen.

I.

Die Handlung des Nebensatzes fällt mit der
des Hauptsatzes zeitlich zusammen.

Die zur Einleitung dieser Art von Nebensätzen der Zeit ge-
bräuchlichen Konjunktionen waren im Lateinischen: dum, quamdiu;
cum und quando.

A. Temporalsätze, eingeleitet von Konjunktionen, die lateinischem cum resp. quamdiu entsprechen.

Die Dauer der Thätigkeit des Nebensatzes fällt mit der des
Hauptsatzes unmittelbar zusammen. Hierbei können beide Hand-
lungen genau zusammenfallen d. h. sich decken, oder es kann die
Thätigkeit des Hauptsatzes von der des Nebensatzes noch überdauert

werden. Im Lateinischen stand nach dum während, so lange als immer der Indikativ. Auch im Neufranzösischen wird in Temporalsätzen der Gleichzeitigkeitt der Indikativ verwendet. Die altfranzösische Sprache zeigt sowohl den Indikativ als auch den Konjunktiv. Letzterer steht als Ausdruck der Irrealität nach verneintem Hauptsatz und zwar nur nach dem lateinischen quamdiu = so lange als entsprechenden Konjunktionen.

a. Haupt- und Nebenhandlung decken einander.

Eingeleitet werden die Nebensätze in diesem Falle durch: tant que, tant com, por tant que und einmal in der Passion durch drontre.

α. Im Temporalsatz steht das Präsens.

1. Im Indikativ:

Alol 3172. Alon nous ent fuiant tant con nous loist. ibid. 6675. — Alex. 33 e. n'en volt torner tant com il ad a vivre. — Alisc. 427. Tant com vivons, maintenons bien l'estor. ibid. 162. 1690. — Amis 2099. Tant com il weult est li hom sainteis. — M. Brut 1236. Or repairum tost en present, Si nagum tant cum avuns vent. ibid. 4079. — Deus Esp. 9302. Et dort tant comme la nuis dure. ibid. 1765. 2819. 8861. etc. — Ducs N. II, 3515. Tant se defent al brant d'acer Cum la vie li dure el cors. ibid. 11211. 13528. 29805. etc. — Fier. 3528. Tant com li brans me dure, boin garant i arez. — ebendort 3949. Gar. II, 173,12. Tant com il puet le bon cheval férir, Eérit Guillaume, 115,20. — Horn, 1945. Unkes n'oï fiz de rei à ki fust demandez K'il fesist serement, . . Tant cum est sein de cors. ibid. 5234. 2106. u. a. — Lyon 2986. Et prant l'oignement, si l'en oint, Tant com en la boiste an a point. Ausserdem 1901. 3538. 3872. 6878. — Pass. 127 c. Drontre nos lez, façan lo ben, Gurpissen mund et sem peccad. — Raoul 8668. Or le vaingiés, dist G. — Tant con je sui devant vous en presant. — Ren. 188,20. Mais tenons nos ensamble, tant comme nos vivons. ibid. 86,15. 176,28. 194,5. 191,17. etc. — Rol. 1802. Brochent ad ait tant cum durent li port. — Rou III, 9596. Honte est del soen perdre e guerpir Tant com l'en le poet garantir. — Voyage 245. Li patriarches sor un mul sojornet; Tant com li jorz li duret l'at conduit et guiët.

2. Im Konjunktiv.

Der Hauptsatz ist verneinend, hypothetisch oder fragend mit verneintem Sinn; das Verb desselben steht in den weitaus meisten Fällen in einem futuralen Tempus.

Alol 9123. Dameldex me confonge, se ia en ferai garde, Ne se ia mais mengue tant con ie uif le sache. ibid. 6095. 6899. 9899. — Alisc. 4549. Ne vos convient de Guill. douter Tant com entiers puist mes tinés durer. ibid. 203. 439. 2251. u. a. — Amis 2851. Ne voz faudrai tant com puisse durer. — M. Brut 512. Nus hom ne vuelt estre chaitis Tant cum il soit en siecle vis. ibid. 1726. 2274. — Deus Esp, 11335. Mais n'ert lies, ce dist, en sa nie, Tant con soient si compaignon En malaise, ibid. 7411. 9413. 11341. — D. N. II, 9715.

Si lor meriral cest travail E ceste fei qu'il m'unt portée Que, tant cum jeo mais ceigne espée, Ne lor sera fait tort n'ennui. — *D. N.* II, 20633. Kar jà n'aura ainz paiz en France Ne n'en sera reis justisiers Ne poestis sia niés Lohers Tant cum li dux Richart mais vive. ibid. 3409. 15578. 17604. 23259. 36747 etc. — Fier. 3053. Tant que la çeinture aient, n'ert la tors afamée. ibid. 217. 610. 729. 2671. — Gar. ¹, 283; 6/7. Mal dahés ait ..... Parmi le col, qui le fera ensi, Tant com je aie pallefroi né roncin, Né que des dis en soient li troi vis.

Hier hängen von einem Heischesatze zwei Nebensätze der Zeit ab, dessen zweiter mit que angeknüpft ist.

Ausserdem Gar. I, 55,2. 144,7. 168,16. 175,2. 183,15. etc. II, 52,8. 245,13. etc. — Gorm. 488. Ja ne faudrai a sa menee Pur tant cum poisse ceindre espee. — Lyon 4422. Ja tant come vis et sains soie, Ne m'an fuirai por tes menaces. ibid. 5625. 5899.

In Parise la Duchesse 2528 sind von einem fragenden Hauptsatze zwei Temporalsätze abhängig, von denen der eine im Konjunktiv steht, während der andere mit dem Indikativ konstruiert ist.

Das Beispiel lautet: Pues nus hom de cest siegle Il fames esposer? Por tant qu'elle soit vive et qu'elle puet aler.

Par. 618. 639. — Raoul 1850. Qi fu li hon qui vous osa touchier Tant com je puise mes garnemens baillier? — Ausserdem: 318. 340. 1628. 3463. 3922. 6376. 6733. 7936. etc. — Ren. 94,23. Mais se Ihesus me leise de çaiens eschaper, Ne li lairai de terre demi pié à gaster. Por tant comme je puisse desor cheval monter. ibid. 29,28. 37,19. 83,1. 182,7. 194,19. 196,24. 324,30. 362,14. 408,6. u. s. — Rol. 544 und 557. Ço n'iert, dist Guenes, tant cum vivet sis niés. — Rou II, 1079. Ja tant cum guerre seit n'en aurunt grant plente.

Der Indikativ findet sich Ducs N. II, 41815: Teu dame ne teu chevalier N'ert mie mais à trover leger Tant cum le siccle a à durer, obgleich der Hauptsatz negiert ist. Der adverbiale Nebensatz mit tant cum scheidet aus der durch das Verb des Hauptsatzes bezeichneten Gattung der Thätigkeit eine besondere Art aus, an deren Realität der Sprechende nicht zweifelt. Dagegen steht Gui 302: Li rois est riches hon qui lor donra assez, Tant com il ait denier, que il n'i ait lasté der Konjunktiv nach positivem Hauptsatz. Der durch tant com bezeichnete Artbegriff des Gebens ist als jetzt noch nicht existierend hingestellt.

β. Im Temporalsatz steht das Imperfekt.

Es findet sich nur ein Beispiel mit dem Imperfektum im Haupt- und Nebensatz. In den Fällen, wo die Handlung des Nebensatzes die des Hauptsatzes überdauert, steht das Imperfektum im adverbialen Zeitsatze häufiger.

Deus Esp. 5794. Tant comme alaines lor duroient, Sentreferoient sans respit.

Der Konjunktiv findet sich:

Aiol 3321. Ne li fausist la guerre tant con fust vis. — Ducs N. II, 5736.
38969. — Horn 3734. Ke ne l'freit jà Rimel tant cum Horn fust vivant.

γ. Im Temporalsatz steht das Perfekt I.

1. Im Indikativ.

Aiol 8679. Tant con porent cel ior contre Francois cenbelent. — Alisc.
743. 2182. 5639. — Amis 1616. Tant com je poi trair et encuser, Si m'ama
Karles et si fui tes privez. — M. Brut 2763. Bretanie tint postivement, Tant
cum il fu en sua juvent. — Chrost. 120. E Mahalt s'en ala, tant cum cheuals
curut. ibid. 244. — Ducs N. II, 37551. Cele occise, cele dolor. Tint tant cum
point i out deu jor. Ausserdem: 26450. 40418. 41403. u. a. — Fierabr. 1846.
— Flovv. 2516. — Gar. I, 59,9. Ne se doutaient Sarrasin ne Escler Qu'en les
péust de nules riens grever, Tant com il virent lor tentes craventer. — Gui B.
4257. — Horn 3735. — Jourd. 3004. — Leod. 9 a. Quandius visquet ciel reis
Lothier, Bien honorez fut sancz Lethgiers. ibid. 12 c. 19 c. — Lyon 2863.
Par. 1325. Tant i esta li anfes com il li vint à gré. — Raoul 1873. Tant que
tu fus petiz en ma baillie, Te norresimes par molt grant signorie. ~ibid. 40. 5863.
— Ren. 350,33. 371,3. — Rou III, 726. Puis le (sc. sarken) fist chascun
uendresdi, Tant cum il unques puis uesqui, Emplir a cumble de furment. ....
ibid. I, 365. III, 70. 404. 5416. 11472. u. a.

In den meisten Fällen steht auch im Hauptsatz ein Perfektum I.

δ. Im Temporalsatz steht das Perfekt II.

1. Im Indikativ.

Ducs N. II, 8563. ... Cest ducheaume, qu'il a tenu En pais tant dis qu'il
a vescu.

2. Im Konjunktiv.

Aiol 10154. ... ne plache a dieu Que iou ia prenge feme, tant con i'aie
duree, Tant con i'aie la mole de la cartre ietee. Ebenso 10420. -- D. N. II,
4907. Dunt tant cum France ait mais durée N'en ert la perte restorée. — Rou II,
1679. Si cume il l'eschari l'unt li rei affiee, Que l'uns no faille a l'altre tant
cum aient duree.

ε. Im Temporalsatz steht ein Präsens Futuri.

Aiol 473. Tant con l'aras sor toi, ne doute rien. ibid. 1165. 6601. —
Alisc. 1840. Ma grans dolors n'ert jamais oubliée Tant com jou ere en terre.
ibid. 8405. — Comp. 1356. Pulcele signefie ... Chose ki fruit nen at, Tant
cum virnje serrat. ibid. 2202. 2450. 3225. und öfters. — Deus Esp. 9732. Car
acreante li auons Que rien nus ne l'en demandra Tant con ceste guerre durra.
— D. N. II, 12575. Kar tant cum voudrom nos amer E securre e entre aidier,
Tant nos ira il auques bien. ibid. 4962. 7403. 12351. 12884. 16806. 21888.
24191. 30782. 38011. 42094. u. a. — Fier. 2492. Tant com Dex garira le
branc de mon costé, Ne douterai paiens I denier monnéé. ibid. 2448. 2601. 5908.
und öfters. — Gar. 90,14. Ne lor faudrons tant com serons vif. — Horn 1187.

E d'amur si façun un tel aliement K'altre n'amerez més ... Fors moi tant cum vers vus me tendrai lealment. ibid. 1116. 1793. 3661. 3811. u. a. — Jourd. 2981. — Lyon 2599. ... Que nus essoines ne vos atent, Tant com vos sovanra de moi. — Par. 2774. 3046. — Ren. 348,22. Je voil si commant que il n'i ait baron, Ne face mangoniax, tant com deviseron. 141,36. 352,36. 391,36. 437,12. etc. — Rol. 2126. Ne s' recrerrat tant cum il serat vifs. — Rou III, 3101. E l'emperere ad cumande, Tant cum il iert en la cite, Ke il ait del suen a grant plente. Ebenso Ron II, 2530. 3060. 3601. III, 3194. 7618. 10790.

Von 76 Beispielen überhaupt haben 59, d. h. 77,6 Prozent auch ein Futur im Hauptsatze. Die übrigen zeigen im Hauptsatze meist ein Präsens oder einen Imperativ.

ζ. Im temporalen Nebensatz steht ein Imperfektum Futuri.

Im Hauptsatze finden sich nur Präterita und zwar Tempora der unvollendeten Handlung.

Aiol 7889. Aiols en iure Dieu que ia ne s'en faindroit Ne por mort ne por nie tant con durer poroit. — D. N. II, 36598. Là fu li serremenz jurez Que tant cum Ewart vivreit mais Le regne li tendreit en pais. ibid. II, 8057. 12082. 14433. 20643. 28121. — Fier. 2616. — Horn 2191. Tant cum l'en suvendreit, de mal n'avereit haschée. — Lyon 5279. Et deuise fu au jurer, Que cist treuz devoit durer Tant com li dui maufe durroient. ibid. 3451. 5274. — Rou III, 5122. Guill. uit que pais n'aureit Tant com Giffrei chastel tendreit, III, 3107. 4970. 10483. 10698.

Wir finden in den unter ε und ζ betrachteten Fällen einige Beispiele, wo nach negiertem Hauptsatz im Futur im Nebensatz der Zeit ebenfalls ein Präs. od. Imp. Futuri verwendet wird. Wie wir aber unter α, 2 gesehen hatten, steht unter diesen Umständen meist der Konjunktiv Präsentis. Vergleichen wir beispielsweise Rou II, 1079: Ja tant cum guerre seit n'en aurunt grant plente mit Rou III, 7618. E as Engleis me combatrai, Tant com io uif estre porrai, so finden wir, dass tant cum im ersten Falle verallgemeinerndon Sinn = so lange auch immer hat, dass der Termin also ganz unbestimmt gelassen wird [cf. Bischoff, S. 110].

b. Die Thätigkeiten des Hauptsatzes und des Nebensatzes fallen in einander. Die Haupthandlung wird von der Nebenhandlung überdauert.

Eingeleitet werden solche Nebensätze mit dementres que, en dementres que, en itant que, que que und im Chev. as 2 espees häufiger mit en ce que. Der Modus in ihnen ist immer der Indikativ.

α. Im Temporalsatz steht das Präsens.

Alisc. 4181/2. Endementirs que cil vont herbergant K'il vont ronchis et cevaus establant, Guill. esgarde par dales. — **Deus Esp.** 6056. Et ence k'il uont aprochant, Il keusissent I escuier. 6372. Et ke k'il d'ort, il ot hucier Les lui ... ibid. 6372. 6732. 6996. 7360. 8490. 8497. 10202. u. a.

Einmal Chev. 2766: Et ke ainsi uantant se uait, Icil aproce domanois ... ist das deutsche während nur durch ke ausgedrückt. Vielleicht ist ke k'ainsi zu lesen. Vgl. 1372 u. 7590.

Gar. I, 275,23. Que qu'il parolent et il noisent ensi, Parmi l'ost liéve et la noise et li cris Que cil dedens ourent le charroi prins. — **Horn** 3678. Enitant qu'il sunt en iten parlement, Einz el us de la sale entra tut eraument. — **Jourd.** 3183. Endementiers qu'elle vait ce disant, Ez une damme par iluec trespassant. **Lyon** 3555. Que que cil ensi se demante, Une cheitive, une dolante Estoit en la chapele anclose. ibid. 4779. — **Raoul** 6617. Endemantiers que vous m'oés conter Li rois Corsuble a fait paiens mander. ibid. 8278. — **Ren.** 52,22. En dementres qu'il sunt el palais si troblé, Renaus s'en est fuïs sor Baiart l'aduré. ibid. 390,9. Ensinc com il parolent, ez la forche levée. ibid. 335,38. — Rou III, 7905. Endementres que il parloent De cez Normanz qu'il esgardoent Sorst un conrei.

Zwei von ke ke abhängige Nebensätze, von denen der eine im Präsens und der andere im Perfekt II steht, haben wir in D. Esp. 7376/7. Et ke k'ensi les mors em portent Et ont grant piece cheuaucie, Et la dame ra commencie A plorer.

β. Im Temporalsatz steht das Imperfekt.

Auc. 8,1. Entruesquë Ancassins estoit en le caubre, et il regretoit Nicolete s'amie, jli quens Bougars de Valencée qui sa guerre avoit a furnir ne s'oublia mie, ains ... ibid. 8,9. 18,9. 34,3. — **Deus Esp.** 1668. Cil entreus ke il s'en aloit, Se pense k'einsi se fera Nommer ne autre non n'aura. ibid. 389. 5600. 6422. 10322. 10570. u. a. — **D. N.** II, 1400. Autre merveille regardout Tandis cum en cel pai s'estout. 25076. En ce que issi ert à jenoiz Sen son, senz parole, senz voiz, Oï la biere si fremir. ibid. 4038. 5071. 27477. 34435. 41678. und öfters. — **Fier.** 5547. Ensi comme paien s'aloient ajoustant, Estes vous I massagé venu à l'amirant. ibid. 4222. — **Lyon** 6447. Et que que il s'antrebeisoient Le lyon corrant venir voient. ibid. 61. 647. 970. 4955. — **Raoul** 7011. Andemantiers qu'il se gaimentoit si, Li sarrasins sor le col li revint. ibid. 6099. 8459. 8478. — **Ren.** 12,20. Que que il devisoient li gentil bacheler, Es vos venu I mes. — **Rou** III, 4305. Endementres qu'il seiornout Es chastels clore qu'il fermout Uint une espie de Alencon. ... Ebenso **Rou** III, 4967. 6919. 9305. 10113.

γ. Im Imporalsatz steht das Perfektum I.

Alex. 100 c. En tant dementres le saint cors conreerent Toit cil seinor bel l'acostumerent. — **M. Brut** 1791. Tant demenstres cum cho fu fait, Corineus ist de l'agait. — **Chron.** 256. Dementiers qu'il ura, Li cors braz estendi. —

Deus Esp 7890. Et en ce ke il cheuaucha, Il esgarde les un coron Du bos ... ibid. 5810. 8631. 8701. — Ducs N. II. 30748. Dementres qu'od lui sejorna, Maint riche aueir li presenta. ibid. 5877. 40932. — Horn 5235. Entr'itant de sorjorn cum iluc sorjornat, Le vaillant Hadermod de Rimel engendrat. — Lyon 3463. Que qu'il manja, devant lui jut Ses lyons. — Ren. 456,85. Li traïtor l'ocirent ensi comme il mengua Son pain. ibid. 192,36. 453,30. — Ren III, 3081. Endementres ke a lui parla, Sun mantel ius a terre mist. ibid. II, 1248. III, 2886. 7217. 8347.

δ. Im Temporalsatz steht das Perfekt II.

Alex. 67 a. En tant dementres com il iloc ont sis Deseivret l'aneme del cors saint Alexis. — Alisc. 4149. Entrementiers k'il ont leur très bastis Et establerent et cevaus et roncis. G. voit desous I pin hantis ... — Deus Esp. 10042. Et en ce ke il sunt entre Ou castiel, si se met auant Mes sire G. maintenant. ibid. 5612. 11370. — Horn 1045. Entritant k'unt parlé Rimel e Herselot Mangé unt et palais e li reis e sa gent. ibid. 1295. 4435. — Journl. 2748. Endementiers qu'il a ce devise Furent il ja des Turs avironne. ibid. 3220. — Raoul 7692. Endementiers qu'il ont ainsis parlet Es vous I Tur qui ot non Bodoés.

ε. Im Temporalsatz steht das Plusquamperfektum.

Aiol 10046. Endementiers qu'il ot tant parle et plaidie, Li rois fu mout traitre et fel et renoies. — Deus Esp. 11548. En ce k'il ot si aqueilli Son chemin, si esploite tant ke ... — Ducs. N. 10839. Auques esteient empeirées E maumises c relaschées Dementres qn'il n'i out esté.

ζ. Im Temporalsatz steht das Präsens Futuri.

Ren. 203,37. Bien sai en dementieres qu'il etendront à nos, Que Maugis lor vendra à cite d'esperon.

In Rou III, 6947/8 hängen vom Hauptsatze zwei Nebensätze der Gleichzeitigkeit ab, von denen der zweite mit que angefügt ist. Dies Beispiel heisst: Endementres que la irai E qu'as Normanz me combatrai, Alez par cest pais ardant ...

Die häufigste Verwendung nach den lateinischem dum entsprechenden Konjunktionen finden das Präsens, das Präsens Futuri und das Perfekt I. Im Allgemeinen stehen nach einem Tempus der Gegenwart im Hauptsatze auch im Nebensatze Tempora der Gegenwart und nach einem Tempus der Vergangenheit auch im Nebensatze Präterita. Fälle, wo nach einem Präteritum ein Tempus der Gegenwart im temporalen Nebensatze steht, sind ziemlich selten. Dagegen findet sich etwas häufiger das Imperfektum nach Präsentien im Hauptsatze.

B. Um die Gleichzeitigkeit der Handlungen des Haupt- und Nebensatzes auszudrücken, bediente sich die lateinische Sprache noch der Konjunktionen cum und quando.

Diese Adverbialsätze der Zeit geben in allgemeiner Weise einen Zeitraum an, auf den sich eine Thätigkeit der Vergangenheit, Gegenwart oder Zukunft beziehen kann. Die Gleichzeitigkeit der beiden Handlungen kann dabei eine solche sein, dass sie sich genau decken oder eine solche, dass die Thätigkeit des Hauptsatzes als Zeitpunkt in die des Nebensatzes hineinfällt.

Die altfranzösische Sprache fasst auch solche Handlungen als gleichzeitig auf, die, streng logisch betrachtet, vorzeitig zu fassen sind. Dies ist aber nur dann der Fall, wenn die Thätigkeit des Nebensatzes der Zeit unmittelbar vor die des Hauptsatzes fällt.

Im Lateinischen konnten auch solche Sätze mit cum eingeleitet werden, die nicht gleichzeitig mit der Handlung des Hauptsatzes waren, wo also der Fortschritt in der Erzählung vermittelt werden sollte. Auch im Altfranzösischen ist die Konstruktion mit cum für solche Sätze, deren Thätigkeit der des Hauptsatzes vorangeht, möglich. Diese Fälle müssten eigentlich unter No. II aufgeführt werden, doch sollen sie hier schon voraus genommen werden, um sie nicht von den sonst noch mit cum verbundenen Sätzen zu trennen.

1. Die Thätigkeiten des Haupt- und Nebensatzes sind gleichzeitig, d. h. sie decken sich beide, oder fallen als Punkt oder Linie in einander.

Im Lateinischen stand hier, wo cum reine Zeitpartikel ist, immer der Indikativ. Auch in unseren Denkmälern findet sich nach cum resp. quand immer der Indikativ.

a. Der temporale Nebensatz steht im Präsens.

Aiol 834. Quand il ot que merchi ne pot trouver, De dieu les desfia par grant fierte. ibid. 321. 1685. 2577. 3977. 4006. 4460. 6274. 6676. 7264. 7450. 8751. 9962. 10368. 10493. und öfter. — Alex. 8 a. Quant veit li pedre que mais n'avrat enfant Mais que cel sol que il par amat tant Donc se porpenset del siecle ad en avant. ibid. 45 a. Quant ot li pedre la clamor de son fil, Plorent si oil. ... ibid. 38 a. 78 a. 113 b. 112 b. — Alisc. 7676. Quant R. se sent si manoier, De maltalent quide vis esragier. ibid. 43. 80. 110. 259. 292. 387. 807. 1406. 2247. 3727. 3961. 4315. 4736. 5019. 5203. 7160. 7350. 7668. 8044. u. a. — Amis 3452. Quant Lubias en mainnent, moult vont aprez grant jant. ibid. 104. 324. 451. 1056. 1610. 1702. 2133. 2215. 2638. 3015. 3137. 3208. 3403. 3407. und öfters. — Auc. 10,27. et fait i caple entor lui autresi con li senglers, quant li cien l'asalent en le forest. ibid. 8,29. 11,1. 41,9;12. 33,4. M. Brut 3201. Quant moi revient en ma memori Ma seignorie et ma granz glori

... Dunt est mis cuers plains de torment. ibid. 175. 761. 1000. 1491. 1861. 3088. 3326. 4015. u. a. — Comp. 378. Et de capricornum Quant il vait a cancrum, Li juru vunt aluignaut E les nuis acarçant ibid. 385. 1306. 2167. 2746. 3239. und öfter. — Deus Esp. 6506. Mont s'esmerueille, quant il trueue Gens ki si se painent de lui. ibid. 10802. Et quant il uienent auques pries, Mes sire G. le connoist. ibid. 215. 421. 840. 948. 1332. 1784. 2274. 2415. 2946. 2987. 3142. 3226. 3610. 3852. 3958. 4152. 4369. 5310. 5627. 5673. 6326. 6426. 7216. 8272. 8430. 9144. 10137. 10378. 11242. 11574. 12079. u. a. — Ducs. N. I, 1609. Quant li cuilverz ot les respuns, Ne fu mie pensis. ibid. II, 35719. Kar quant li dux aprent l'ovraigne, Ver eus s'iraist mult ... ibid. 313. 1093. 2797. 3746. 4152. 5384. 6515. 8267. 9233. 9425. 12874. 15172. 16397. 18948. 21600. 25928. 35477. 37424. 40870. u. a. — Fier. 1886/7. Quant l'amirans l'entent à terre ciet pasmés Et quant il se redrece, s'est de reklef pasmés. ibid. 76. 201. 799. 1280. 1787. 2390. 2517. 3320. 3820. 4201. 4491. 5002. 5238. 5661. 5824. 5950. und öfter. — Fioov. 90. Quant Fl. l'antant, si commance à plorer. ibid. 263. 279. 1504. 1883. 1975. 2062. 2486. und häufiger. — Gar. I, 38,10. Quant il assenblent, lor lances font croissir, Et Sarrasins trebuchier et morir. ibid. II, 243,19. Sor une table ou Fromons suet mengier A haute feste, quant léans sa cort tient, Sa ont conchié le baron droiturier. ibid. I, 13,12. 14,1. 29,15. 59,6. 110,19. 125,15. 215,9. 264,13. 267,11. II, 67,13. 175,3. 226,10. 234,17. 267,2. u. a. — Gui 1847. Quant le fiert sor la table, oiant ses chevaliers, Trestout fait le palais fremir. ibid. 110. 339. 728. 1023. 1594. 1790. 1889. 2005. 2539. 2718. 3009. 3042. 3275. 3657. 3917. 4003. 4209. 4269. 4298. u. a. — Horn 4334. Mès, quant ist de la cort, si s'en turne errant. ibid. 872. 16. 1360. 2011. 4976. u. a. — Jourd. 264. Com voit le mes, si l'a bien conneu. ibid. 886. 1182. 1784. 2616. 2794. 3095. 3343. 3452. 3608. 3991. 4010. 4141. 4181. u. a. — Lyon 427. Et s'a IIII rubiz desoz, Plus flanboianz et plus vermanz, Que n'est au matin le solauz, Quant il apert en oriant. ibid. 3216. 3933. 4541. 5528. 5573. 5811. 5926. 6260. u. a. — Par. 162. Comme li dus le voit, au pou n'enrage d'ire. ibid. 2169. Quant aproche son pere, s'a Ihesu reclamé. ibid. 102. 138. 363. 865. 1074. 1108. 1486. 2108. 2567. 2835. 2965. und öfters. — Pass. 4 a. Cum aproismed sa passiuns Aproismer vol a la ciutad. ibid. 98 b. Et al terz di lo mattin clar, Cum soleilz sos esclairaz. Tres femmes van al monument. ibid. 32 a. 33 a. 81 a. 106 b. — Raoul 4663. Li frans Ali quant il se sent peaiés, Lors a tel duel a poi n'est erraigiés. ibid. 946. 1496. 1981. 2338. 3089. 3300. 3464. 3553. 4114. 5563. 5913. 6711. 7110. 7360. 8018. 8280. 8686. u. a. — Ren. 241,35. Quant Baiars se regarde et voit Rollant à terre, Les pies derriere giete. ibid. 4,31. 15,25. 61,18. 103,31. 131,22. 132,10. 163,31. 209,16. 341,27. 364,30. 378,12. 400,9. 455,8. und öfters. — Rol. 2692. Cum il aproisment en la cited amunt Vers le palais oïrent grant fremur. ibid. 3452. Mult ad grant doel Carlemagnes li reis, Quant duc Naimun veit naffret devant sei ... ibid. 142. 1110. 2082. 2124. 2447. 2827. 2870. 3006. 3698. 3780. 3815. 3850. u. a. — Rou II, 1494. Les cors en porte l'eue, quant li floz de mer munte. ibid. III, 3973. Quant les lances froissent e faillent, Od les especs s'entrasaillent. ibid. II, 766. 1491, 1655. 1989. 3344. III, 2013. 4908. 6346. -- Voyage 239. Al matin par son l'albe, quant li jorz lor apert, Li mul et li somier sont guarnit et trosset. ibid.

141. 248. 383. 443. 628. 827. u. a. — Gorm. 198. Quand Damnedeu out si laidir, Forment en fut al cor maris.

Anmerkung. In Gui de Bourgogne, V. 583: Quant il voit son linage si vilment depecier, Et dit en son corage, s'il ne le puet vougier ... ist, obwohl Haupt- und Nebensatz dasselbe Subjekt zeigen, et zur Einleitung des Nachsatzes verwendet. Nach Diez III, S. 1016, tritt dieses et nur dann ein, wenn beide Sätze verschiedene Subjekte enthalten.

d. Im Nebensatz der Zeit steht das Imperfektum.

Aiol 8891. Issi com il denoit fors des tentes issir, Le messagier le roi a encontre. ibid. 455. 1707. 5710. 6896. 8029. 9766. — Alisc. 634. Quant les tenoit, nes faisoit pas langir. — Amis 3341. Car il avoit un compaingnon loe, Quant il estoit en son palais pare. — M. Brut 2682. Quant um lo mur edifioit. D'icel chastel ... Une merveille i vit l'um grant. ibid. 3191. Cum ja sigloit par alte meir, Ne pot sum duel pas oblieir. ibid. 1301. 2121. 2237. 2302. 2307. 2379. — Comp. 1289. Et ourent tel amur E itele dulçur Que, quant li uns raioutL'altres se rescunsout. ibid. 1107. 1724. — Deus Esp. 3058. quant en pamison gisoit Ne ne se mouuoit. ibid. 10771. Quant a la cort ualles estoie, Tous iors apeler me faisoie Le biel uallet. ibid. 544. 2628. 3764. 4964. 4994. — Ducs N. I, 571. Quant el veneit al desevrer Ainz qu'il entrassent en la mer, Cil li mostré e li segnié Qui deivent estre exillié Sacrifioent à un dé. ibid. 26305. Tot après cez beneurtez, Quant jà esteit granz sis aez Dona le suen mainte partie Kar set. ... ibid. 12763. 35758. 38262. 40196. 40560. 40603. 42013. u. a. — Fier. 6118. De son gant li souvint quant il devoit laver. — Gar. I, 2,6. Quant li preudons se gisoit en son lit Et il avoit grant paour de morir, Ne regardoit son frère ne son fil. ... ibid. 123,4. — Horn 2542. Kant tuit si compaignun lur faiz erent contant, Il se set en peis. ibid. 942. 3932. — Jonrd. 2695. Quant il aloient gent en pelerinnaige Ou marcheant erroient por voiaige, Ses assailloient cil Sarrazin san vaige. ibid. 1296. Si com Jordains se daimentoit ainsiz, Garde par ner. — Pass. 37 a. Judas cum veggnet ad Jhesum, Semper li tend lo sou menton. ibid. 108 c. Cum il menaven tal raizon, Jhesus estet eu mez trestoz. — Raoul 5669. Car, quant ces pere repairoit del mostier Et se venoit le soir après mengier Trestout parolent de la bonté Bernier. ibid. 5756. — Ren. 91,3. Au beourt li fu faite, quant il estoit enfant. ibid. 102,20. 259,27. 449,9. — Ren. I, 201. De cel sanc lur armes teigneient E els meismes, quant deneient Aler en alcune bataille. ibid. III, 285. Costume aueit, quant il errout, A chascun mustier k'il truuout, Se il poeit, dedenz entrout.

c. Im temporalen Nebensatz steht das Perfektum I.

Aiol 3007. Et quant che uit li fel, qu'ale sont, Par lui ne repairierent, escarni l'ont, Deul en ot. ibid. 10714. Mon fil Aiol resamblent plus que home del mont Ausifais ert il ia quant iel nori garchon. ibid. 58. 93. 249. 678. 1000. 1306. 1408. 1812. 2661. 3028. 3477. 3677. 4408. 5027. 5846. 6768. 7315. 7715. 8840. 9345. 9876. 10336. 10383. 10526. 10916. u. a. — Alisc. 3103. Quant on te vaut dou tot desireter, Et fors de France et chacier et jeter, Je te reting et te fis coronner. 7932. Quant il revint, si fu molt tost cobrés De toutes pars par bras et par costés. Ausserdem: 768. 894. 2221. 2646. 3092. 3551. 3707.

4373. 7301. 7751. 7837. u. a. — **Alex.** 10 b. Quant vint al faire, donc le font gentement. 20 c. Recent l'almosne, quant deus la li tramist. 21 c. Quant il ço soorent qued il fuiz, s'en eret, Ço fut granz dols ... 92 a. Quant jo t' vid net si'n fui liede e goiose. — **Amis** 2349. Quant je voz fiz fors de Blaivies gietier, Disoient moi serjant et chevalier, Que morriez tost. 2548. c'est Ami de Clermont Qui noz laissa ceste bonne maison, Quant en soudees s'en ala a Charlon. ibid. 321. 543. 909. 1142. 1167. 2332. 3132. 3438 u. a. — **Auc.** 24,74. Quant Aucassins le perçut, si s'aresta tot a un fais. 36,3. Quant il virent Nicolete si bele, se li porterent mont grant honor. ibid. 4,1. 10,48. 11,8. 22,1. 24,24. 30,1. 34,13. 38,1. 40,39. und öfter. — **M. Brut** 130. Quant Eneas sa fille quist, Il li dona mult liement Et tot sun regne entierement 3771. Et quant li rois Silvis fina, Eneas Silvius regna. ibid. 136. 167. 465. 627. 779. 789. 843. 891. 1169. 1327. 1331. 1557. 1699. 2221. 2424. 3741. 3823. 3843. 4004. 4115. u. a. — **Chron.** 108. Henri esteit petiz quant la guerre li crut Del rei Est. 65. Mais quant Henri i vint, n'i oserent ester. 250. Puis les (si rentes) orent li muine, quant la chose mua. — **Comp.** 231. Quant Deus fist creatures De diverses mesures, Tutes at nuns posez Sulunc lur qualitez. 754. Mais si cum l'ai troé, Bede de tempore Dit ço que Romulus, Quant de Rome fut dus, Fist un desevrement ibid. 110. 677. 734. 855. 1206. 1483. 1611. 1877. 2729. 3482. u. ä. — **Deus Esp.** 2182. Et fu iries mout durement Quant uns cheualiers seulement Outra IX de mes compaignons. 7461. et lors li souuient Des pastures ke on disoit Que sur l'autel mises auoit La pucele. quant ele prist L'espee sou pere. ibid. 39. 148. 351. 1196. 1424. 1513. 2024. 3588. 5678. 6688. 7543. 8830. 10688. 11234. 11672. 12039. 12301. und öfter. — **Ducs N.** I, 951. Quant li moine e la gent vilaine Virent venir la gent paene, Fui s'en sunt. — II, 31033. Conté vos ai cum reis Eldrez S'en vint al duc deseritez Quant reis Sweins od ses Daneis Prist Engleterre sor Angleis. 41347. Des lances fu si grant le bruil Al avenir, quant il josterent, Que mil en i enastelerent. ibid. l, 961. 1532. 1861. ll, 2 ff. 322. 746. 823. 2287. 3005. 4203. 4391. 5280. 7174. 9998. 12283. 14018. 17687. 19640. 20170. 23225/6. 23698. 25145. 28001. 29077. 31016. 32198. 33138/9. 35615. 36111. 37443. 38103. 38764. 39959. 40751. 41190. u. öfter. — **Fier.** 946. Quant Longis vous feri de la lauce trechant, Il n'avoit ainc véu en trestout son vivant. 5892. Une cuve i trouva, U on metoit le vin quant Balans festoia. ibid. 140. 366. 1017. 2330. 2860. 3091. 3372. 3590. 4036. 5037. 5699. 5717. 5856. u. ä. — **Floov.** 1202. A Dieu se commanderent, quant il se departirent. ibid. 114. 291. 416. 863. 1022. 1182. 2159. 2162. 2442. und häufiger. — **Gar.** I, 15,22. A mie-nuit, quant ils durent dormir S'eu sont emblé Paien et Sarrasin. — II, 53,9. Julis César, quant le chastel conquist, Il i fiat faire et croutes et chemins Par dessous terre. 242,21. En cest palais le vous ameniens Quant à ses poins ocist vo forestier. ibid. l, 61,11. 74,8. 120,9. 149,16/7. 178,5. 203,1. 219,6. 246,11. 257,5. 273,3. ll, 11,11. 35,17. 58,2. 66,9. 104,14. 117,6. 140,8. 206,14. 225,5. 236,2. 266,11. u. a. — **Gorm.** 137. Mult par i firent grand folie, Quand il vers mei bataille pristrent. 302. Quand Isembarz, li reneies, Vit le cheval curre estraier, D'une chose s'est afichies. Ausserdem : 333. 360. 420. 501. — **Gui.** 2545. Quant la verge florie en sa main verdoia, Josep en fist grant joie. 4265. Quant il sot la novele la vile est conquestee, Mult fu li rois liez. ibid. 136. 679. 1454. 2069. 2486. 2965. 3771. 4075. 4178. 4272. und häufger.

— Horn 3154. unc ne trovai si bun, Fors un sul ke trovai, ... En Suddene, quant joe i fui od mun uncle Romun. 423ƀ. Bien conuit ke çoe ert celi k'ele à dan Horn dona, Quant il prist le cungié e de lui s'en ala. ibid. 1537. 598. 639. 864. 1130. 1509. 1632. 2158. 2622. 3745. 4264. 4601. 4882. 4917. 4931. 5082. und häufiger. — Jourd. 945. Assez grant foi me portastes, ... Quant voz por moi vostre anfant oceistez. 1518. Dont ramembra Jordain dou grant dammaige, Que il reciut enmi mer en palagre, Quant il perdit Renier. ibid. 228. 444. 973. 1489. 2204. 2373. 2412. 3030. 3153. 3363. 4094. 4216. u. ä. — Leod. 3 a. Quant infans fud, donc a ciels temps Al rei doistrent soi parent. 15 f. Cum vit les meis, a lui ralat. 32 c. Cum il lo vid, fud corroptios. ibid. 7 f. 14 a. 15 a. — Lyon 2711. Et lors que ele pot veoir Le roi, si laissa jus cheoir Son mantel et desafublee Sen est el paveillon antree. 6664. Et mes sire Yvains la conut de si loing, com il l'aparcut. ibid. 247. 410. 559. 805. 2000. 2695. 2832. 3058. 3341. 3659. 4709. 4921. 5920. 6484. u. ä. — Par. 970. Et quant il ot XV anz et compliz et passez, N'ot enfant en la terre de si aut parenté Qui tant fust an XV anz ne créus n'amendez. 1450. di moi verté .. Par la foi .... que tu doiz au fonz où fus regenerez, Quant li prestres te mist la creme sor le nez. ibid. 154. 257. 587. 751. 813. 1287. 1329. 2093. 2248. 2824. 2840. 3010. und öfters. — Pass 20 a. Felo Judeu cum il cho vidren Enz lor cors grand an enveie. 31 c. Jhesus cum veg, los esveled. 67 a. Cum el perveng a Golgota, Dunc lor gurpit soe chamise. 5 a. 9 a. 53 a. 61 a. 79 a. 119 b. — Raoul 2556. Son fil vost metre sor le col del destrier, Quant d'un vaucel vit lor gent repairier. 7789. Quant Julliens l'espée en char senti, Trait soi ariere. ibid. 29. 371. 894. 1143. 1225. 1438. 1608. 1875. 2095. 2854. 3451. 4986. 5087. 5661. 6870. 7396. 7583. 7898. 8098. 8295. 8302. 8468. 8530. und öfters. — Rol. 333. Quant le (sc lo guant) dut prendre si li cait a tere. 514. Je vus ai fait alques de legerie, Quant par ferir vus demustrai grant ire. ibid. 443. 499. 751. 770. 1219. 1643. 1708. 1716. 1940. 2222. 2314. 2533. 2709. 3329. 3640. — Renaus 29,10. De Rossillon partirent, cum l'aloe chanta. 266,27. Quant je cuidai avoir tot mon regne aquité, Dont jurèrent ma mort trestot li XII per. 442,1. Quant Dex donna le jour, vestu sont et chaucié. ibid. 3,31. 15,33. 18,12. 24,36. 53,1. 83,11. 103,14. 118,25. 142,23. 173,36. 200,36. 218,2. 257,34. 280,14. 299,21. 307,7. 313,20. 331,18. 334,6. 340,8. 354,28. 364,9. 376,27. 385,13· 405,29. 416,34. 432,17. 443,34. 448,29. 450,20. 452,17. 456.28. ued öfters. — Reu I, 694. Quant vint a la biere porter, Que l'um dut le cors enterrer, Hasteins de la biere sailli. ll, 3837. Quant li reis aparut od ses baruns armez, Richart s'est traiz ariere. lll, 2932. Li uaslez ert de poi de aage, Quant li peres prist en corage De Jerusalem uisiter. 10828. Vostre pere lui otreia, Quant il morut et il fina. ibid. ll, 212. 392. 756. 1636. 2789. l, 520. 748. 525. ll, 161. 250. 360. 626. 887. 907. 1040. 1274. 1610. 1968. 2052. 2280. 2427. 2621. 2834. 3069. 3331. 3848. 3987. 4000. 4103. lll, 400. 579. 733. 817. 981, |1181. 1557. 1745. 2501. 3085. 3181. 3817. 4495. 4624. 5219. 5717. 6253. 6725. 7077. 7521. 8029. 9121. 9263. 9747. 9804. 10083. 10701. 11243. und öfters. — Voyage, 466. Que fols fist li reis Hugue, quant vos prestat ostel 709. Quaet le vit la pulcele, molt est espoorie. ibid. 30. 119. 130. 630. 686.

d. Im Nebensatz der Zeit steht das Präsens Futuri.

Liegen die Handlungen des Haupt- und Nebensatzes in der Zukunft, so steht in beiden Sätzen das Futurum I. Bisweilen findet sich dafür im Hauptsatz der Imperativ. Auch, wenn die Handlung des Nebensatzes vorzukünftig ist, wo also streng genommen das Perfektum Futuri stehen müsste, steht, weil beide Handlungen als gleichzeitig aufgefasst werden, das erste Futurum.

Aiol 183. Qnant uous uenres, biaus flex, a le roi court, Asses i troueres dus et contours. 5654. De la prison le roi andeus les ietera, Quant il en douche Franche et a Orliens sera. 194. 482. 963. 1019. 2600. 3250. 4096. 5519. 5762. 6603. 6709. 8588. — Alisc. 1564. Haï, Guibor, gentil france moillier, Quant vos sarés cel mortel encombrier De mes neveus . . . Je quit li dez vos fera esragier. 756. 1357. 1924. 6809. 7573. 8177. — Amis. 1865. Quant noz venrons a la cite de Blaivies, Ferez vos noces riches et honorables. 878. 892. 1063. 1073. 2176. — Auc. 24,58. Car avoirs va et viént; se j'ai or perdu, je gaaignerai une autre fois si sorrai mon buef, quant je porrai. — M. Brut 1680. De sun aguait fera succurs Le jor, quant graindre iert li esturs. — Comp. 518. Et tut eissi serrat, Cist tens quant finerat. 620. 2135. 3182. 3190. — Deus Esp. 1536. Se li dist ke il le fera Chenalier, quant il li plaira. 11433. Quant ie de uous seur naurai, Je uous dirai. 5051. 5258. 8904. 9606. 10712. — Ducs N. II, 23597. Sempres quant il annikra E tote gent se dormira, Ferai apeler les meillors. 24409. Encui, quant beaus sera li jorz, Vos josterai ensemble toz. 1, 1838. 11, 726. 1788. 4760. 6395. 11778. 15568. 20427. 25764. 34608. 35994. — Fier. 4670. Quant nous arons dechà le pont en no baillie, Je sonnerai I cor. ibid. 996. 3990. 4671. 5493. 5875. — Floov. 2372. Je ferai suis la tor mon confenon. lever, E vos chenauchiez, sire, quant vos lou perçoivrez. 2178. 2370. 2437. — Gar II, 46,11. Quant j'i venrai, encores sera pis. 159,11. Or faites autre si, Plus serez frais quant vous oirez le cri. 1, 203,8. 143,3. 237,12. 11, 63,9. 76,21. — Gui. 1313. Quant vos sarois por voir que j'i serai antré, Ogier, prenés mes armes. 243. 610. 731. 787. 2041. 2447. 3528. 3751. — Horn 548. E quant vus en irret tant vus aurai dunet Ke de meie partirez e joius e tut let. 2957. Dirai-vus sun respuns, kant saverai sun talent. 234. 805. 1044. 1172. 1205. 1791. 1863. 2038. 2274. 2422. 3074. 3539. 3761. 3901. 4256. — Jourd. 2106. Quant monterez, si tenrai vostre estrier. ibid. 71. — Lyon 3863. et dit, quant il l'avra, As plus vix garçons . . . et as plus orz La liverra. 1618. 3511. 3775. 4269. 4278. 4282. 6560. — Par. 892. Et quant il sera grant, s'apanra à anbler. ibid. 64. 374. — Pass. 74 d. De met membres, par ta mercet, Cum tu vendras, Christ, en ton reng. — Raoul 3833. Quant nos verrons demain le jor paroir, En I bruellet ferons l'agait tenoir. 1055. 1753. 5621. 6502. 6893. — Renaus 267,28. Mais quant aurai la terre et tenrai l'ireté, Adonc ferai je sire toute vo volenté. 126,23. 163,2. 237,37. 260,36. 330,28. 381,19. 412,27. 419,13. 422,16. 449,24. und öfters. — Rol. 51. Quant cascuns iert à sun meillur repaire, Carles serat ad Ais. 2910. Cum jo serai à Loün, en ma cambre De plusurs regnes viendrunt li hume estrange. 151. 1077. 1928. 2917. — Ron II, 62. E iurent seremenz, qu' ensemble se tendrunt,

2*

Cuntre reis e cuntre altres, quant le besuing verrunt. III, 9097. Qàant io, dist il, releuerai, Dedenz sa terre a messe irai, Riche offrende li porterai. II, 420. III, 5184. 7269. 7425. 9097. 10751. 10852. — Voyage 601. Quant le savrat li reis, grains en iert et marriz. 497. 661.

2. Die Handlung des Nebensatzes ist mit der des Hauptsatzes nicht gleichzeitig.

Der mit quand eingeführte Temporalsatz enthält eine Thätigkeit, die in Bezug auf die Thätigkeit des Hauptsatzes in der Vergangenheit liegt. Im Nebensatz der Zeit steht in diesem Falle das Perfektum II, das Plusquamperfektum oder das Perfektum Futuri.

a. Im temporalen Nebensatz steht das Perfektum II.

Alol 7436. Or poes croire mout ai mon ceur ire, Quant dedens ma maison ai celui ostele, Qui mon signor pendi. 1347. 1663. 3322. 3472. 3531. 5208. 5886. 9696. 9976. 9509. 5614. 10373. 10462. — Alisc. 1099. Quant li doi roi ont G. véu, Bien le connurent. 8256. Quant mangié ont, si alerent couchier. 800. 2561. 2658. 2996. 3491. 3564. 4749. 5044. 5097. 5165. 5199. 6945. 7331. 7873. 8123. 8357. — Alex. 15 a. Quant sa raison li a tote mostrede, Pois li comandet les renges de s'espede. 20 a. Quant son aveir lor at tot departit, Entre les povres s'asist danz Alexis. 34 a. — Amis 3259. Quant mengie ont et beu a lor gre, Les tables ostent serjant et bacheler. 570. 2005. 3372. — M. Brut 1275. Quant lur nes bien chargies unt, Lievent lur sigles si s'en vunt. 157. 693. 1115. 1611. 1641. 2093. 2324. 3233. 3377. 3500. — Comp. 2763. Quant ele est tant alee Que la terre est posee Dedevant sa luur, Dunc depert sa culur. 612. 1333. 1784. 1864. 2467. 2527. 2607. — Chron. 276. Fiers esteit c hardiz en estur communal, Cume senglers chaciez, quant a dunc estal. — Deus Esp. 7468. Et quant une piece ont esre Il uoient enmi une lande Un arbre. 363. 1228. 2467. 2954. 3332. 3626. 3900. 4107. 5002. 5630. 6180. 6968. 7030. 8123. 8332. 8636. 8710. 9060. 10292. 10508. 12012. 12332. u. a. — Ducs. N. I, 521. Quant issi sunt entremesle E l'un vers l'autre abandone Hontusement, senz lei tenable . . . N'i siet li fiz qui est sis pere. II, 39186. Quant d'Everwic s'est departiz, Si'n fist ses ostages mener Ceus qu'il vout guerre e demander. I, 1279. 1774. II, 1219. 1976. 2321. 6942. 10495. 18278. 19509. 27656. 31506. 36681. u. a. — Fier. 758. Li doi baron s'eslaissent quant se sont deffié. 6135. Quant assés sont deduit, si sont alé coucier. 142. 318. 2246. 2898. 3359. 3902. 4006. 4398. 5392, 5769. 5911. u. a. — Floov. 2315. Et flurent bien XX m. quant il sont essanblez. 143. 199. 303. 649, 866. 878. 953. 1098. 1439. 2413. 2481. 1605. — Gar. I, 252,2. Quant li pan suot drecié et à mont mis, Mangier i poent de chevaliers deus mil. II, 228,7. Quant ont perdu si Begon de Bélin, Il en repairent tot droit à Valentin. I, 72,13. 22, 88,2. 87,14. 158,5. 159,12. 164,16. 203,9. 226,11. II, 35,3. 93,12. 205,18. 270,10. — Gorm. A bien petit qu'il ne chiet, Quand sur le col del bon destrier S'est retenus li reis preisies. — Gui. 637. Et, quant les ont ocis, en mer les ont gitez. 377. 1004. 1293. 1543. 2768. 3051. 3187. 3760. 3767. 4152. 4193. — Horn 2316. Cum il sunt là venu, si lur est demandez Ki fud cil cheualer. 3555. Kant il l'unt conrée . . . Si l'unt fait porter al esglise real. 1017. 1231. 1368. 1442. 2182. 3343. 4099.

4491. 4699. 4982. 5125. 5150. 5218, u. a. — Jourd. 4190. Quant li messaiges
la nouvelle a contee, A Jordain a une chartre moustree. 941. 1175. 1381. 2782.
2813. 3079. 3503. 3604. 3748. 3976. 4192. — Leod. 22 e. Cum folc en ant grant
adunat, Lo regne prest a devastar. 39 a. Et cum il l'anth tollud lo quen, Lo
corps esteva sobrels piez. ibid. 5 a. 26 e. 27 c. — Lyon 6141. Quant grant
piece se sont lasse, Tant que li hiaúme sont quasse, ... Un po se sont arrieres
tret. 1696. 3480. 3809. 4569. 5215. 6608. — Par. 2087. Quant l'a véu li dus
ainsi mal atorné, Errament li demande. ibid. 830. 868. 897. 2153. 2185. 2231.
2721. — Pass. 72 a. Cum il l'an mes sur en la cruz, Gran fan escarn, gran
cridarun 64 a. 71 a. 94 a. 104 a. — Raoul 3877. Quant B. est fors de la porte
issus, Bien sont D les blans haubers vestus. ibid. 645. 1454. 1948. 3311. 3990.
4347. 5015. 5551. 5841. 6128. 6668. 8334. 8359. — Renaus. 86,2. Et quant il
ont les ewes et les maus pas trovés, Dont montent il tot VII ès chevaus desertes.
439,33. Quant Yons l'a ocis, son gambison descire. 17,10. 35,30. 63,26. 85,11.
105,7. 125,21. 170,2. 217,21. 240,31. 256,19. 275,38. 315,26. 327,21. 352,7.
362,1. 374,84. 386,5. 415,38, 435,31. 444,28. 450,2. und öfters. — Rol. 3110.
Cum ad oret, si se drecet en estant. 3975. Quant l'Emperere ad faite sa ven-
jance, S'in apelat ses evesques de France. 3934. 3988. seq. — Rou I, 562.
Quant mult a fait de mal en France, S'en volt faire sa penitance. 11, 3305.
Quant li reis Otes a sun neuo mort truoe, De pesance e de duel a mult plaint
e plure. 111, 2037. Quant Bernard l'ad aparceu, A sun genuil ad l'arc tendu.
1, 720. 11, 2030. 2099. 111, 6167. — Voyage 618. Quant li conte ont gabet,
si se sont endormit. 308. 655. 849. 865.

b. Im temporalen Nebensatz steht ein Plusquam-
perfektum.

Aiol 2309. Quant Jesu ot proie par auenant Il vint a Marchegai. 10577.
Quant li rois ot sa gent toute faite amaser, Droitement uers Espaigne ont lor
cemin torne. 33. 98. 541. 1150. 1203. 1531. 1923. 2235. 2676. 2735. 4052.
4610. 6897. 7175. 9611. 10166. seq. 10378. 10691. u. ä. — Alex. 13 a. Quant en
la chambre furent tot sol remes, Danz Alexis l'a prist ad apeler. — Alisc. 7918/9.
Quant il fu bien et sainiés et sacrés Et puis es fonds à grant paine levés, Il
pesoit bien I fais de muis de blés. 485. 616. 1368. 2016. 3425. 3661. 6022.
7119. 7201. 7711. 8290. 8308. 8314. u. a. — Amis 2811. Quant li bons angres
ot fine sa raison, Lors s'en retorne. 178. 1148. 1156. 1352. 1408. 2311. 2877/8.
3024. 3107. 3819. u. a, -- Anc. 12,38. Et quant ele l'ot assés escouté si com-
menca a dire. 30,10. — M. Brut 93. Quant Menelaus out Troie prise Et la
guerre out duré X ans, ... Fuï s'en sunt de Troie fors. 588. Quant rois Pan-
dras ot lit l'escrit Forment s'est iriez. 370. 887. 471. 989. 1149. 1303. 1553.
1703. 1897. 2018. seq. 2384. 2536, 3297. 3457. 4173. u. a. Chron. 258. Quant
li dus out ure e il se regarda, Vit le cors grant e gros. ibid. 29. — Comp.
1753. Quant fut en cruiz penduz, Parmi le cors feruz, Sains Espirs s'en alat
Pur icels qu'il amat. 944. — Deus Esp 3560. Et quant il ot Dusques vers
tierce ceuauchie L'ambleure, il a adrecie Son uis. 8250. Et quant toutes furent
montees, S'issent du Castel l'aorous. 142. 441. 1134. 1149. 1261. 1501. 2081.
3098. 3852. 5131. 6450. 7056. 8090. 8396. 8824. 9182. 9852. 10778. 10849. 11526.
u. a. — Ducs. N. I, 1417. Quant tut eumes à chef trait, Eisi cum avum retrait

... Nos en vousîmes repairer. ll, 4484. Quant auques fu assegreié E li Daneis orent mangié, Destendent trés e pavillons. 39082. Joios furent Daneis e liez Quant deu païs se fu loigniez Li reis. l, 1., seq. 648. 893. 973. 1222. 1699. 1928. 1045. seq., 1969. ll, 333. 1089. 1316. 2013. 2173. seq., 2975. 3157. 3608. 7032. 7482. 9746. 10960. seq., 12538. seq., 17699. 20341. 24433. 25358/9. 28180. 31441, 32715. 34806. 37001. 39035. 40607. 41175. 41465. 42181. und öfters. — Fier. 6033. Par I saint dimence, quant l'aube fu crevée, Adont ot l'arcevesques une messe cantée. 40. 155/6. 674. 1044. 1241. 1847. 2131. 2160. 3085. 3360. 4679. 5617. 5920. 6085. 6159. u. a. — Floov- 178. E quant il fu montez, si ai pris lo congié. 173. 914. 966. 1118. 2183. 2816. — Garin I, 152,4. Quant tu fus nés s'avoies moult petit. ll, 221,10. Begucs se lieve quant ot assez dormi. l, 19,6. 20,13. 58,7. 67,1. 85,4. 97,8. 120,10. 165,3. 194,17. 202,7. und 11. 215,3. 289,6. 281,21. 290,3. ll, 50,3. 66,20. 114,11. 185,6. 222,3. — Gui 4093. Aprés la mie nuit, quant son songe ot finé, Atant est I bel angre. 166. 308. 525. 984. 1680. 2250. 2319. 3017. 3080. 4184. u. a. — Horn 4984. E quant il out ateint, la teste en perneit. 34. 71. 115. 532. 661. 1981. 2471. 2677. 3561. 4142. 4995. 5164. u. a. — Jourd. 2513. Quant Jordains ot Oriabel trouvee, Mult par en a grant joie demenee Toute sa gent. 112. 262. 495. 540. 919. 1416. 2061- 2489. 2914. 3090. 3336. 3810. 3963. 4136. u. a. — Lyon 5440. Au main quant dex rot alume Par le monde son luminaire, Se leva molt isnelement Mes sire Yvains. 1037. 1053. 1153. 1408. 2853. 3284. 3308. 3382. 3443. 3888. 3893. 4022. 4156. 4649. 4980. 5204. 6332. 6358. 6498. — Par. 168. Quant orent Boevon au motier anterré, Li dux s'en repaira à son palais lité. 416. 1027. 1151. 1438. 1682. 2361. 2603. 2809. 2875. 2936. 3056/7. u. a. — Pass. 23 b. Et a cel di que dizen pasches, Cum la cena Jhesus oc faita, El sus leved del pin manjer. 6 a. 18 a. 26 a. 34 a. 51 a. 84 b.*) — Raoul 7102. Quant les ot fait molt bien aparillier, Li I des II le prist a ravisier. 41. 551. 1716. 2215. 2539. 3033. 3672. 3722. 4209. 4728. 6936. 7209. 8200. 8265. 8715. u. a. — Renaus, 8,14. Quant li dus d'Aigremont ot Enguerran ocis, Dreves et Hermenfrois en out les cuers maris. 457,9. Quant la messe fu dite, tout par lui s'en torna Et issi du moustier. 16,35. 51,13. 58,15. 79,22. 98,13. 115,8. 121.29. 138,16. 201,29. 266,38. 304,20. 320,18. 342,28. 358.36. 422,34. 442,10. 443,16. u. a. — Rou I, 157. Quant jadis fu destruite Troie, Plusurs ki eschaper se porent ... Par plusurs terres s'espandirent. ll, 3467. Quant li reis out assez ure et cunseillie, Vers l' altel acline e al saint prist cungie. lll, 7853. Quant Heraut out tot apreste E co qu'il uolt out commande, Enmi les Engleis est uenuz. l, 264. 320. 612. seq., 718. ll, 540. 606. 815. 917. 1047. 1816. 2255. seq., 2557. 3413. 3683. 4210. lll, 1068. 1998. 2205/6. 2615. 3622. 4279. 5259. 5729. 6521. 7407. 9289. 9449. 9645/6. 10129. 10797. 11110. und öfters. — Voyage 58. L'emperere de France, com il fut coronez Et out faite s'ofrende a l'alter principel, A la sale a Paris si s'en est retornez. 171. 188. 232. 238. 415. 638.

---

*) Anmerkung: In Pass. 83 c. cum cela carn vidra murir, qual agre dol? ... ist die Form vidra vom historischen Standpunkt aus betrachtet ein Plusquamperfektum. Der Bedeutung nach aber ist vidra ein Perfektum I. Es gehört dies Beispiel also zu den unter I, B. 1. c. (S. 16.) aufgeführten Fällen. [Man vergleiche hierüber K. Foth: »Die Verschiebung lateinischer Tempora in den romanischen Sprachen« in: Romanische Studien II, 243 ff.]

c. Im Nebensatz der Zeit steht das Perfektum Futuri. Es bezeichnet dies Tempus eine in die Zukunft gesetzte, vollendete Handlung. Im Hauptsatz steht fast immer das Präsens Futuri, selten der Imperativ und das Präsens. Das den Temporalsatz einleitende quand entspricht dem deutschen sobald als, wenn, wann. Aiol 9181. Quant ert alee a mese, nous le uous renderommes. 4155. 5822. 8575. — Alisc. 4178. Mais dusqe à poi sera molt esbaudis Quant ert venus Aïmers li caitis. 7194. — Amis 3165. Quant les auronz enterrez richement Puis noz copez les chies de maintenant. 893. 510. 1078. 1083. 1867. 2950. — Auc. 19,9. Quant mes mois sera conplis, e je serai bien garis, dont irai le messe oïr. — M. Brut 3707. Quant vos arai d'icels parlei ... A ma mateire revendrai Et des Bretuns racunterai. — Deus Esp. 4870. Et quant seront toutes ces gens Departies, nous uenrons ci. 8288. — Ducs N. II, 81868. Mais quant l'estoire vos ert dite Que de cestui avom escrite, Ne dircz pas, au mien espeir, Que prince peust plus valeir. 1, 1258. 1491. 1956. 11, 165. 9077. 9091. 14028. 14050. 14672. 18088. 22245. 29250. — Fier. 5823. Lorsque li mautalens li sera trespassés, Vous rendra les François. 786. 2261. 8987. 4547. 5320. 5669. — Floov. 1828. Li réaumes iert vostre, quant vos l'auroiz conquis. 835. 2374. — Gar. I, 245,15. Je irai là quant l'aurai assovi. 9,3. 44,9. 98,6. 161,3. 181,15. 203.13. — Gui 1268. 1489. 3086. 8297. — Horn 8941. Kant averai tut enquis e joe sui repeirez, Puis frum d'içoe ke Deu nus avera destinez. 385. 500. 673. 1020. 1155. 1276. 1413. 2728. 8048. 4013. 4610. 4617. 4687. — Jourd. 100. 478. 2108. 3820. — Lyon 1028. Et cest mien anelet prendroiz, Et, s'il vos plest, sel me randroiz, Quant je vos avrai delivre. 1576. 3097. 6082. — Par. 627. Quant li enfes ert nez, sel faites bautesier. 628. 988. 1178. 1009. — Ren. 432,6. Seigneur, venes par moi, quant l'aueres trouvé. 25,12. 26,29. 88,3. 158,13. 155,24. 272,35. 289,5. 289,10. 829,23. — Rou II, 992. Quant l'aurunt achatee, suef la receurum. 111, 7468. E quant uos uencu les aurez, Lor or aurez e lor argent. 111, 6243. — Voyage 534. Demain, quant jo l'avrai endosset et vestut ... Le me verrez secorre par force a tel vertut ... 572. 583.

Anmerkungen.

1. In der lebhaften Erzählung kann der mit quand eingeleitete Temporalsatz dem Sinne nach den Hauptsatz bilden. Der Nebensatz der Zeit enthält dann ein plötzlich eingetretenes Ereignis und steht immer nach. Es entspricht dies quand ganz dem lateinischen cum repetinum. Häufig trat im Lateinischen zu cum noch repente oder subito hinzu, während der Hauptsatz oft Adverbia wie jam, vix, aegre enthielt. Auch in unseren Denkmälern findet sich zuweilen im Hauptsatz jà und ne-gaires. Verwendet wird in diesen Temporalsätzen meistens das Präsens oder das Perfektum I.

Aiol 1007. Il li uint en talent ... Que il traisit del feure sen branc letre ... Quant del consel son pere li est menbre. 1364. 4401. 6395. 8755. 9164. 10695. — Alisc. 4776. Ja est alés bien poes d'une lieuée Quant ses tineus li revint en pensée.

86. 448. — Amis 888. Li gentiz hom s'apresta dou jurer A genoillons devant le maistre autel, Quant la roine li corut pardonner . . . 796. 1137. — M. Brut 8101. N'i out estei un an entier, Quant si home et si chevalier Commencierent a descordeier. 344. — Deus Esp. 898. Et ert ia dusc' al huis alee, Quant il li menbre de l'espee. 38988. Jà assailleient Muntagu, Quant il furent aperceu. 3826. 16541. 21704. 25162. 30217. 32837. 34524. 36120. 36956. 40448. u, a. — Fier. 1037. und ähnlich 1640. Puis s'en cuida aler desous I pin ombrin, Quant pardevant lui salent XXX m. Barbarin. — Floov. 609. Paumez chéi à terre, qu'i n'ot point de vigour, Quant l'en corent drecier IIII rois poignaor. 1317. — Garin 27,2. Pour un petit, nes en firent aler, Quant point Doutrages cui Diex puist craventer! 6,11. — Gorm. 225. Li reis le vot saisir as resnes, Quand Hugelins se pend sur destre. — Jourd. 2009. Puis trait l'espee. volt lui coper le chief, Quant li escrie li nobles chevaliers. ibid. 528. 3310. — Lyon 3438. Qu'il n'ot pas une archiee alee Quant il vit en une valee Tot seul pasturer I chevrel. 277. 1589. 2075. — Raoul 3528. Chaoir voloit del destrier arabi, Quant I borgois en ses bras le saisi. ibid. 2202. 7299. — Renaus 374,5. Mais il fu pou laiens, quant il a maladi. 17,20. 18,36. 48,9. 44,27. 63,20. 76.7. 128,28. 200,20. 211,27. 245,31. 256,15. 279,14. 283,3. 309,29. 332,18. 868,2. — Rol. 2975. Venir s'en volt li emperere C., Quant de paiens li surdent les anguardes. 2819. — Rou III, 303. N'i aueit gueires demure Ne gueires n'aueit ure, Quant el mustier oi ariere Moueir le cors. II, 1971. 4173. III, 2193. 4018. 7106. 8278. 8306. 9293. 10184. 10374. 10635.

2. Wenn im Hauptsatze sich schon ein Zeitbegriff findet, so wird der diesen Hauptsatz zeitlich näher bestimmende Nebensatz mit que eingeleitet. Die Verwendung von quant ist aber nicht ausgeschlossen. (Amis 2169. Gui 281. Garin I. 15,22. Ducs N. II, 38248. Voyage 239. etc.) Im Neufranzösischen steht in diesem Falle que oder où. Im Altfranzösischen ist zu unterscheiden, ob der das Substantiv der Zeitbestimmung enthaltende Satz negiert ist oder nicht. Im ersten Falle findet sich in dem mit que angeknüpften Satze der Konjunktiv als Ausdruck der Irrealität, im letzten Falle der Indikativ. Ganz einzeln findet sich im Altfranzösischen auch ou (s. u.)

A. Der Indikatv.

Aiol 3803. Tout le premerain jour que il uint chi De cheuans li donastes XIIII uint De trestous les millors. 1806. 4592. 5541. 6924. 7184. 7822. — Alisc. 1. A icel jor ke la dolor fu grans Et la bataille orible en Alicans, Li quens Guillaumes i sonfri grans ahans. 848. 2840. 4800. 7292. 7491. 7978. — Alex. 59 a. En la samaine qued il s'en dut aler, Vint une voiz treis feiz en la cited. — Amis 2067. Un diemenge que il fu anuitie, Li cuens Amis se fu alez conchier. 208. 437. 538. 1976. 2320. 3266. — Auc. 12,3. Ce fu el tans d'esté el mois de mai, que li jor sont caut, lonc et cler et les nuis coie et series. 18,6. — Chron. 155. Al duzime an qu'il terre maintint e mainburni, Es plains de Valesdunes un estur envai. — Comp. 412. 898. 2158. 2174. u. a. — Deus Esp.

11041. Lors fist cier li gentils rois De maintenant par toute l'ost, Que tuit
fuissent arme tantost L'endemain, ke le ior ueroient. 4495. 4770. 8664. 11794.
— Ducs N. I, 1089. Al tens d'esté que yver s'en part, Lor refu desier e tart
Qu'il r'entrassent en lur navie. ll, 40989. Dreit l'an qu'il fu coronez, Maheut
... Quert e espose. 5432/3. 9972. 12570. 12888. 17104. 17351. 20325. 28321.
28470. 25029. 27873. 31222. 33268. 34816. 36185. 37207. 40860. u. a. — Fier. 527.
5095. 6163. — Floov. 43. 63. 87. 2285. 2487. — Gar. 49,2. 118,19. 158,22. 177,6.
284,13. ll, 11,5. 47,14. — Gui. 1010/1. Trestot le premier jour que il fu coronez,
Que qui dames en France dormir et reposer, Nos fist il après vos chevauchier
et errer. 257. 305. 391. 678. 712. 1026. 1172. 1673. 2126. 3787. — Horn. 3517.
Beaus amis, dan Godmod, beneit seit icel di Ke vus unc reting e ke primes vus
vi! 3042. 5123. — Jourd. 2508. Jordains li anfes si grans noces i fist Comme
le jor que il premiers la prinst. 657. 2728. 2523. 2962. 3763. 4178. — Lyon
5833. Tot vos trespas jusqu' au monter L'andemaiŋ, que il s'an partirent. 5280.
— Par. 2098. Au jor que je vos crui, fis ge moult que desvez. 680. 805. 807.
1077. 1385. — Pass. 15 b. Venrant li an, venrant li di, Quez t'asaldran toi
inimic. — Raoul 3768. A Pentecoste, qe naist la fiors el pré Il ont d'Arras le
sor G. mandé. 180. 808. 1570. 1926. 3760. 4777. 5791. 6612. 7211. 7222. 7283.
u. a. — Renaus 64,11. Mais or vient la saison que l'on doit aüner Et le pain
et le blé et le vin entoner. 1,6. 12,29 seq., 46,26. 51,4/5. 86,38. 108,16. 126,32.
166,21. 228,38. 274,36. 306,4. u. a. — Rol. 1242. Or est li jurz que l's estuvrat
murir. 1406. — Rou III, 3702. Par Rie, une uile, passout, Al tens que li soleil
leuout. l, 339. ll, 283. 3182. 3526. 4076. 4879. lll, 2527. 3849. 4231. 6341.
6629. 7158. 7388. 9251. 9265/6. 9653. 10069. 10577.

B. Der Konjunktiv.

Aiol 104. Ja mais n'ert uns seus jors que ne t'en hace. 10478. — Alex.
61 e. ne guardent l'hore que terre les enclodet. — Alisc. 569. — Amis 2239.
Ja n'iert nus jors que por lui ne voz bate. — Auc. 10,66. Or m'afïes vos, que
a nul jor que vos aïes à vivre ne porrés men pere faire honte etc. — M. Brut
3583. — Deus Esp. 8006/7. Bien dist ke ia ior k'il soit uis Et soie soit la
poestes, Ne sera a la cort contes Uns contes de sa couardise. — Ducs N. ll, 8883.
Ne past un jor qu' asaut n'i ait. 11688. 21035. 30674. 40016. — Floov. 986.
Ne sai qui est li sires, ... Car onques ne lou vis jor que je soie vis. — Gui
170. — Lyon 8850. Ja n'iert jorz, que del mien ne praigne Tot ce, que il an
puet ateindre. 3994. — Renaus 8,7. En liu de mon treü li soit par vus bailliés
Que à jour que je vive d'autre n'estra paiés. 248. — Rol. 3905. Jamais n'iert jurz
que il n'en seit parlet. 640. 653. 915. 971. 2915. — Rou ll, 621. Cil distrent
nun fereient a nul iur qu'il vesquissent.

In den folgenden Beispielen fehlt que ganz:

Ducs N. ll, 9512. Encui fera de eus tante biere Que jà n'ert mais jor ne
s'en plaignent. — Gar. ll, 54,4. Jà n'iert nul jors ne fasse nouvel cri.

Ebenso Aiol 5524. — Ren. 70,6. — Voyage 801.

In Fier. 1053: Or n'iert jamais li feste saint Jehan en esté
K'il ne flote sur l'yawe und Gar. 243,11: Il n'est nuns jours, trois
fois, ou quatre, ou sis, Que il n'en issent por les nos assallir könnte

es zweifelhaft sein, ob im Nebensatz mit que der Indikativ oder Konjunktiv gebraucht ist. Nach Analogie der vorangehenden Fälle muss man jedoch die Formen flote und issent für Konjunktive betrachten.

Hierher sind auch diejenigen Fälle zu rechnen, in denen der Zeitbegriff im Hauptsatze noch mit einer Präposition verbunden ist. Es folgt in dem diesen Zeitbegriff noch näher determinierenden Temporalsatz auch que. Dem Sinne nach kann man sich die Präposition des Hauptsatzes vor der Partikel que wiederholt denken.

a. Vor dem Zeitbegriff steht eine Präposition, dem deutschen „bis" entsprechend.

α. In dem mit que angeknüpften Nebensatze steht der Indikativ.

Aiol 5484. Je pleui Loeys ... Enfressi c'a cele eure c'ariere remenrai, N'aura deslaciet l'elme. 8929. 4941. 5384. 5581. 6053. 6571. 9972. 10963. — Allsc. 4495. nel vos voiel acointier, Dusque à cel' eure ke j'ere au reparier De la bataille. 7104. 8181. 8258. — Amis 8284. Icelle nuit le laissierent ester Jusqu' au demain que li jors parut cler ... 232. 1591. 1849. 1889. 2110. 2816. u. a. — Auc. 41,18. La nuit le laissent ensi tresqu' au demain par matin, que l'espousa Aucassins. 18,6. — M. Brut 1716. — Deus Esp. 9987. 11162. 12085. — Ducs N. 11, 42291. S'aveit dés l'Incarnation De ci au jor qu'il fu feniz, Mil e cent anz. 3930. 8865. 16013. 21681. 31749. 84681. 87675. — Fier. 5416. Li destrier out géu ... Enfresi que au jour que l'aloe ot chanté. 4004. 4016. — Floov. 853. — Gar. 1, 169,6. Ne vous mouvez ... Jusqu' à celle heure que me verrez venir. 1, 58,11. 89,12. 91,16. 216,10. 11, 221,8. 265,20. — Gui 390. Ne ne despoillerai mon blanc hauberc saffré, De ci à icele oure qu'ert prise la cité. 1144. — Horn 739. seq. Après dormit suef, qu'el fud confortée E ke Herselot li ot l'avisiun contée, Deske vint el matin que la gaite ad mustrée Par son corn Ke jà est l'aube bien escrevée. Der Hauptsatz dormit suef enthält zunächst ein Adverb der Zeit après, welches durch einen Nebensatz mit que zeitlich determiniert wird. Von dem aus dem allgemeinen Begriff »Schlafen« ausgeschiedenen Artbegriff wird nun wieder eine Unterart gebildet, indem angegeben wird, bis zu welchem Zeitpunkt das Schlafen sich erstreckt (deske vint al matin). Dieser Bestimmungssatz enthält wieder einen Zeitbegriff, der nochmals durch einen mit que angeknüpften Satz näher charakterisiert wird. — Horn 8151. — Jourd. 1879. 1385. 3062. — Lyon 3982. — Par. 1786. mais m'aferez Que vos a vostre pere convence ne direz ... Jusques à itel ore qu'il vos ert commandé. — Ren. 297,86. Ne porterai corone en trestot mon aé, Desi à icele eure que Renaut me rendres. 27,4/5. 125,86. 173,12. 216,11. 303,1. 310,6/7. 445,1. — Raoul 4287. Ja de ma guerre n'i ara finement Desq'a icele eure qe je ferai dolent Celui qi fist le fort commencement. 539. 2886. 8171. 5023. 5751. 7163. u. a.

Der Hauptsatz wird zeitlich begrenzt durch zwei Nebensätze, und zwar durch einen solchen, der den Ausgangspunkt angiebt, von dem aus sich die Haupthandlung erstreckt und durch einen solchen, der den Endpunkt bezeichnet, bis zu welchem die Thätigkeit des Hauptsatzes reicht, in:

M. Brut 8700 u. 3701. Briement vos vuel dire la summe De toz les rois d'Albe et de Rume, Des icel tens que Troien vindrent Jusqu'al tens que Jhesus fu neiz.

β. In dem mit que angeknüpften Satze steht der Konjunktiv.

Aiol 5755. me prestes uostre ostel Enfresi a demain que il soit aiorne. 2185. 2381. 2424. 4908. — Ducs N. II, 9289. Od lui serai tresqu' à cel ore Que j'aie quis gent qui me secure. — Floov. 1875. — Gar. 267,8. — Gui 1194. — Ren. 77,20. Chascuns fu tous armés, s'ot çaint son branc d'acier, De si qu'au demain que il dust esclairier.

Indikativ und Konjunktiv nebeneinander findet sich in: Jourd. 3909/10. Mais or souffrons, se voz le me loez, Jusqu' anquenuit, que jors soit declinez Et chascuns iert de dormir aprestez, Ses assaurons as loges et as tres.

b. Vor dem Zeitbegriff steht die Präposition ains.

Im Nebensatz mit que steht der Konjunktiv.

Aiol 5691. — Alisc. 2621. Mais, ainc le vespre ke li jors soit fenis, Aura paour trestous li plus hardis. 244. 5384. — Pass. 8. Anz petit dis que cho fus fait, Jhesus lo Lazer suscitet. — Raoul 7719. Ainsois lo vespre, que solax soit cousés, Orra B. de Juliien parler. 4166.

c. Vor dem Zeitbegriff im Hauptsatz steht puis, empres oder dès.

Im Nebensatz mit que steht der Indikativ.

Alex. 3 a. Pois icel tens que deus nos vint salver, Nostre anceisor ovrent cristientet. — Deus Esp. 5615. Puis ice ior que m'adouba Li rois Artus ..... Ne trouvai ie, ki me fesist Si dur estor ne si destroit. — Ducs N. II, 31477. Si parfit joi, si à son gré N'ont mais dès l'ore qu'il fu né. 4413. 4518. 41182. 41979. — Fier. 5318. — Gui 516. — Gar. 45,20. 107,17. 258,2. — Par. 2138. — Renaus 46,19. Onques ne tint tel feste l'emperere au vis fier, Puis l'eure qu'il porta sa corone premier. — Raoul 6090. 8069. — Rou III, 9522. Le ior enprisme, empres diner, Que Henri dut d'iloc torner, Li quens Hue l'a apele.

Der determinierende Satz ist mit où angeknüpft in:

Raoul 1788. Dus qu'a cele eure n'en iert faite acordance Ou je verrai s'avoir porrai venjance.

3. Wenn der Hauptsatz dem ihn zeitlich bestimmenden Nebensatze vorausgeht und einen die Zeit andeutenden Umstand enthält, der Nebensatz aber ein überraschendes Ereignis ausdrückt, so wird letzterer mit que eingeleitet. Der Hauptsatz ist negiert.

Deus Esp. 6317. Ne demeure pas longement, Ke il ot mout cheuaus hennir. Ebenso 3623. 4978. 6522. 8120. 8268. — Ducs N. II, 39555. N'esteit mais à

la mer venuz Ne n'ert encor pas descenduz Que l'om le fist certains e fiz Que
sis peres esteit feniz. 10073. 7089. — **Floov.** 1019. Il ne demorai gaires que
I escuiers vint. — **Gui** 4133. Il n'orent mie bien demie line alé Que li rois
de Borgoigne a fait I cor soner. 3459. — **Horn** 2200. Mès ne fud pas del
port alez une luée, C'un aventure avient ke Deus ot aprestée. 1820. — **Par.**
603. 1081.
Der Hauptsatz ist positiv in: **Rou III,** 518. Ja iert li meis de aust passez,
Que li dux fu matin leuez.

4. Gar nicht selten ist im Altfranzösischen eine Verwendung
des quant, die dem Sinne nach mit der des lateinischen nisi ver-
glichen werden kann. Der Hauptsatz geht in diesem Falle immer
voran und steht im Konjunktiv. Häufig tritt zum Verbum das
Adverb ja hinzu. Im Nebensatz mit quant steht immer der Indi-
kativ. Betrachten wir z. B. Floov, 2104: ja fut pris Fl., Quant
tut i sont coruz li chevalier vailanz, so ist der Sinn dieser Stelle:
Fl. wäre gefangen worden, wenn nicht die tapferen Ritter dorthin
geeilt wären. Wir haben hier wohl eine Ellipse anzunehmen und
obigen Satz folgendermassen zu ergänzen: ja fut pris Fl., Quant
tut i sont coruz li chevalier vailanz, Fl. ne fu pas pris. Auf die-
selbe Weise lassen sich auch die folgenden Beispiele erklären.

Aiol 10758. Ja l'eust retenu, que plus ne s'atargast, Quant li rois le
secort al pooir que il a. 8298. 3394. 4142. 4390. 7556. 7646. 7668. 7714. 8443.
8459. 8508. 10621. 10811. — **Alisc.** 1086. Bien s'en alast à O. entresait, Quant
par dovant li saillent doi agait. 1043. 2805. 5219. 5746. 5795. 7717. — **Amis**
2451. 2569. — **Ducs. N.** 36189. Devorée fust eneisl'ore, Quant cist Tosteins
li corut sure. 18281. — **Fier.** 153. Tout fuissons desconfit, ... Quant vous
nous secourustes o vos viellars barbés. 36. 1980. 3089. 4306. 5753. 5914. 5940.
u. a. — **Floov.** 1036. 1371. 2107. 2470 u. a. — **Gar.** II, 2087. Jà fuist li bailes
et tos li chastiaus prins, Quant en la ville Hervis le feu a mis. I, 39,10. 126,9.
213,11. 275,9. II, 10,6. 85,2. 109,23. 165,19. 189,12. 206,13. 238,9. 257,1. u. a.
-· **Gorm.** 560. Ja l'eust mort le bon vassal, Quand i survient le viels Bernarz.
ibid. 100. 288. — **Gui** 8359. — **Horn** 8379. Jà en presist le chef od le helme
emperial, Kant de loinz s'aperçut Godmod li leal. 1701. — **Jourd.** 325. Ja l'an
menaissent, quant uns haus hom i cort. — **Lyon** 3518. Ja fust ses voloirs acom-
pliz, Quant cil de pasmeisons revint. — **Par.** 2700. Il les éussent ja ou morz
ou afollez, Quant Claremb. li vinz commança à crier. 2689. 2724. — **Raoul** 4852.
Ceste meslée fust ja vendue chier, Quant la acorent sergant et despencier. 1422.
2603. 2965. 3320. — **Ren.** 213,36. Tuit fusset mort li autre et mené en prison,
Quant i sorvint Maugis sor Baiart l'aragon. 36,6. 43,23. 65,82. 102,31. 205,29.
243,12. 439,1. u. a. — **Rou III,** 8370. E lui meisme eussent mort, Quant uint
le sire de Monfort.

Die häufigste Verwendung findet in diesen mit quand kon-
struierten Nebensätzen das Perfektum I. Weniger oft findet sich
das Präsens; am wenigsten wird das Perfektum II. gebraucht. Über

die Verwendung des quand in Konzessiv- und Konditionalsätzen
vergleiche man: Johannsen, Konzessivsätze, Kieler Dissertation 1884,
S. 57. und Klapperich, Bedingungssätze in: Französische Studien
III, 256.

Die frühesten Denkmäler des Französischen — Saint Léger,
Passion Christi, Roland und Voyage de Charlemagne — zeigen in
denjenigen Temporalsätzen, die im Lateinischen mit cum konstruiert
wurden, neben quant häufig cum, ja im Saint Léger und in der
Passion herrscht der Gebrauch von cum sogar vor. In den späteren
Denkmälern überwiegt die Verwendung von quant. Lors que findet
sich nur vereinzelt: Lyon 269. 1117. 2711; lors quant findet sich
in Fier. 148, Deus Esp. 3393 und D. N. II, 33045. Das Eulalia-
lied und die Strassburger Eide weisen überhaupt noch keine Neben-
sätze der Zeit auf.

In den mit cum resp. quand eingeleiteten Temporalsätzen der
Gleichzeitigkeit ist das Perfektum I das vorherrschende Tempus.
Daneben findet sich ziemlich häufig das Präsens; vereinzelt ist das
Imperfektum gebraucht. Die Temporalsätze, die mit der Handlung
des Hauptsatzes der Zeit nach nicht zusammenfallen, zeigen meist
das Plusquamperfektum II. Weniger häufig wird das Perfektum II
verwendet.

II.

Die im Hauptsatze ausgedrückte Handlung
fällt mit der Handlung des Nebensatzes zeitlich nicht
zusammen.

1. Die Thätigkeit des Hauptsatzes folgt der des Nebensatzes.

A. Die Handlung des Hauptsatzes folgt der des Nebensatzes nicht unmittelbar.

Im Lateinischen werden diese Nebensätze der Zeit eingeleitet
durch die Konjunktionen postquam und posteaquam. Es stand nach
ihnen in der Erzählung gewöhnlich das Perfektum Indicativi.
Die im Altfranzösischen verwendeten Konjunktionen sind das dem
lateinischen postquam entsprechende puis que und après que (empres
que, après ce que). Im Neufranzösischen steht nach après que nur
ein Tempus perfectae actionis und zwar nach après que = nachdem,
zur Bezeichnung einer einmaligen Handlung, das 2. Plusquam-

perfektum und nach après que = wenn, sooft, zur Bezeichnung einer wiederholten Handlung, das Plusquamperfektum I. Das Altfranzösische verwendet nach puis que fast alle Tempora. Allerdings werden die Tempora der vollendeten Handlung bevorzugt; und von diesen ist wiederum das Plusquamperfektum II das am meisten gebrauchte. Fast 57 % der gefundenen Beispiele sind mit Temporibus der vollendeten Handlung konstruiert. Der Modus in diesen Temporalsätzen ist fast durchgängig der Indikativ. Nur einige wenige Beispiele weisen den Konjunktiv auf.

a. Das Verb des Temporalsatzes steht im Präsens.

Allsc. 4552. Puis ke ce vient en estor au capler De molt peu d'armes puet on mort jeter. 624. 1058. 3353. 6929. — Deus Esp. 11079. et ne se muet De tout cel ior puis K'il aiorne. 9593. 11151. 11790. — Par. 353. Seignor, vos savez bien .... Que ja nen ert li hom de si grant richetez, Puis qu'il chiet an povresce, qu'il ne cheie en vilté. — Raoul 8109. Baron, por Dieu, n'iere ja qi vos chant, Puis qe l'on muert et l'om va definant, Qe sor ses piés soit gaires en estant. 3576. 7348. — Rol. 818. Pois que il vienent à la Tere majur, Virent Guascoigne la terre lur seignur.

In Deus Esp. 781: Puis k'il le (sc. espee) chaigne, Ja mais nul ior ne le deschaigne steht nach puis ke der Konjunktiv. Es ist dieser Modus dadurch veranlasst, dass die Handlung als n u r g e d a c h t hingestellt wird.

b. Im Temporalsatz steht das Imperfektum.

Deus Esp. 3269. ... li conte ... k'il ne sot ke cil deuint Ainc puis que par mort le tenoit. ibid. 5558. — Ducs N. II, 35076. Textes ne croiz ne encensiers N'autres aveirs riches ne chers De ma dame sainte Marie, Puis qu'il erent en sa baillie, Ne fussent jà sol puis veuz.

Der Konjunktiv steht in Deus Esp. 12069: Comment le peusse quidier Puis ke uous sous m'eussies, Que uous guerpir me deussies Por mon plorer ne por mon dit? — und Rou I, 198: Ja puis que il issi feissent, Li un as altres ne faillissent. Auch hier wird die Handlung im Temporalsatz als nur gedacht hingestellt [vgl. Bischoff, der Konjunktiv bei Chrestien, S. 110 und Kowalski, der Konjunktiv bei Wace, S. 45].

c. Im Temporalsatz steht das Perfektum I.

Aiol 2239. Dame, ... uo grant merchi Del bien que m'aues fait, puis que uing chi. ibid. 5790. 10959. — Chron. 2. 180. 291. — Comp. 1795. E puis qu'il vint la sus, Fut il aquarius. 912. 555. — Deus Esp. 12036. Puis k'a cort connurent Brien, Perdi il maintenant le non, Ce sacies uous, du bel prison. 625. 5712. 6603. 8361/2. — Ducs N. II, 15500. Unques puis que cil l'esgarda Riens sos ciel tant ne desira. 602. 2758. 10068. 17444. 17780. 18877. 19074.

20164. 35386. 37241. 37504. 89880. 40327. 41008. 41987. — **Floov.** 2267. Puis
qu'i fut rois d'Ausi, Conqui il Romenie envers paiene gant. — **Gar.** II, 157,2.
Aiens puis que Begues de moi se départi, Ne pus en l'ost resposer né dormir.
I, 280,21. II, 82,18. 168,19. — **Gui** 3089. Pois que Diex herberja, saint Piere
en pré Noiron, Et qu'il resucita le cors sain Lasaron, N'ot nus bon tel joie.
3861. — **Horn** 700. Ore dirrai de Rigmel pus qu' ele fud esjoïe Puis k'en parti
Herlant cum mena sa vie. 80. 1190. 4876. — **Rou** II, 1299. Puis que li dus
Willeame la terre recuilli E il out les homages des baruns que ies di, Tint Rou
terre cinc anz. I, 494. II, 2013/4. III, 2286. 10719.

d. Im Temporalsatz steht das Perfektum II.

Aiol 6283. Puis que i'ai relenqui Mahomet et ses ideles, Ja damelde ne
plache ... Que guerpise no cors. 652. 8512. — **Alisc.** 7546. Puis que li leres
est de forches ostez, Ja puis ses sires nen iert de lui amez. ibid. 2132. — **Deus
Esp.** 943. Puis k'ele a trespase le bos, A la porte vint demanois De la cite.
2509. 4726. 5000. 7245. 11108. 11116. — **Fier,** 520. Tant l'ai esperonné, puis
que je sui montés, Ke je li ai le sanc ... trait des costés. 679. 1588. 1592. 4508.
— **Horn** 2070. Pus k'unt changé anels, Horn ad lessé Rimel. 8598. 4516. —
Joard. 122. Horn endomis puis qu'il est despoilliez, Savoir poez, ne se puet
prou aidier. — **Ren.** 420,31. Je fai ici un veu, ... Que jamais nule femme
n'arai à mon costé, Puis que icele est morte que je soloie amer. 176,29. 252,17.
358,14. — **Rol.** 896. Pois que il est sur sun cheval muntez, Mult se fait fiers de
ses armes porter. ibid. 2665. 3858.

In Renaus 233,37: En cest siecle n'a home ki sache armes
porter, Se il vient à Renaut, puis k'il soit esgarés, K'il ne soit
retenus ... steht der Konjunktiv aus dem oben angeführten Grunde.

e. Im Temporalsatz steht ein Plusquamperfektum.

Hauptsächlich verwendet wird das Plusquamperfektum II. Für das
erste Plusquamperfektum können nur zwei Beispiele erbracht werden.

Deus Esp. 11318. Et uns cheualiers li conte ... comment la cose est alee
De cels ki es castiaus estoient, Puis ke le Rous perdu auoient ... — Ebenso
Dues N. II, 10627. ... Puis qu'il erent au plait meu Aveit un fiz del rei eu.

Sonst findet sich das Plusquamperfekt II.

Aiol 10913. Tres puis que Panpelune la fors cites fu prisse, Issent fors
de la cartre Floquipasse et Propises. 10544. — **M. Brut** 3555. Puis que Leïr
fu enterreiz, N'est il mie luns tens passeiz Qu' Aganippes est devieiz. 1415.
2087. 3513. 3694. 3757. — **Deus Esp.** 10251. Et cil ki en torment Estoit por
l'amor de s'amie Et ot tante cheualerie Faite puis ce k'il l'ot ueue, S'ot un ior
sa noie tenue. 4317. 5547. 6069. 7883. 11288. — **Dues N.** II, 36758. Après que
Heraut se fu fait reis, Se combati od les Galeis. 797. 3649. 4137. 4326. 7462.
7959. 8126. 8843. 14114. 17684. 28211. 35913. 87101. 41475. 42011. — **Floov.**
575. Puis qu'i orent conquis, i ont esté III jors. — **Germ.** 515. Quatre jurs ad
l'esturs dure, Puis que Gormunz fut afoles, Car Isembarz i est remes. — **Horn**
272/3. Pus ke mis peres ot le regne guverned, Prés de X anz après que Silaus
fud fined, Vindrent sur lui paens feluns e reneed. 772. 2196. 2883. 2398. 4406.

5216. 5233. — **Lyon** 759. **Mes sire Yvains ne sejorna, Puis qu'armez fu,** ...
Eincois erra. — **Pass.** 78 d. **Fui lo solelz et fui la luna, Post que deus filz
suspensus fure.** — **Raonl** 2475. **Puis qe Diex ent establies les lois, Par nule
guerre ne fu si grans esfrois.** — **Renaus** 128,16. **Onques puis que Jhesus fu en
la crois penés, Ne fu tex chevaliers veüs ne esgardés.** 56,17. 271,10. — **Roa III,**
1121. **Puis que il furent entremedle, Ne peurent estre deseure.** 10970. **Por
perecos fu mult tenuz, Pois qu'il fu d'oltre mer uenuz.** 1, 139. 300. 11, 394.
1171. 111, 198. 203. 770. 1857. 2270. 3254.

Der Konjunktiv steht Fier. 3966: **Se il me venoit sers qui fust
d'autre regné Puis k'eust en ma terre I seul an conversé, Seroit il
tous jours frans.** Die Handlung des Nebensatzes ist irreal, sie wird
als nur gedacht hingestellt.

f. Im Nebensatz der Zeit steht das Präsens Futuri.

Alise. 4581. **Puis ke tenrai as II mains mon levier, N'i a paien tant se
doie prisier, Se jo l'ataing parmi l'elme vergier, Ke** ... — **Raoul** 5112. **Puis
qe venra a estor commencier, Se on l'encontre as fors lances baissiers, Seürs
puet estre de la teste trenchier.** — **Ren.** 220,32. **Puis que nos serons moine,
ne nos regarderon.** 191,9. 231,5.

g. Im Temporalsatz steht das Perfektum Futuri.

Aiol 5962. **Et iure damelde** ... **Puis qu'il ert adoubes, le uasal porsieura.**
— **Alise.** Car, par l'apostle ... **Puis ke armée serai sor l'auferrant, N'i a paien,
Sarrazin, ni Persant, Se le consieu de m'espee trenchant, Ne le convigne chaoir
de l'auferant.** — **M. Brut** 831. **Puis qu' entendue areiz m'ensaigne, Del bien
ferir nus ne s'i faigne.** — **Deus Esp.** 7141. **Que il n'a de sciorner cure Puis
ce k'il sera aiorne.** 2549. — **Fier.** 4733. **Puis que je me serai as Sarrazins mellés,
Se bien m'i combat, recréans sui prouvés.** — **Horn** 652. **Demain vus amenrai
ço k'avez demandez, Après ço ke li reis aurat tost mangez.** 518. 4690. — **Ren.**
184,29. **Mais puis qu'il sera mors, ja n'en eschaperon.**

Einmal steht in der indirekten Rede nach Après que das Im-
perfektum Futuri in: D. N. II, 36602: **E après qu'il sereit feniz,
Ci que del regne fust saisiz, Li tendreit vers toz homes nez De ci
qu'il i fust coronez.**

Der Nebensatz kann auch den Zeitpunkt ins Auge fassen, von
dem aus sich die Handlung des Hauptsatzes erstreckt. Im Neu-
französischen werden solche Nebensätze eingeleitet mit depuis que,
im Lateinischen mit ex quo. Das Altfranzösische verwendet des que
(= de ex quo) oder puis que und zwar meist mit dem Perfekt I.

Alise. 6974. **je vous ai molt amé Dès qe je fui jouenes de povre aé.** 5682.
— **M. Brut** 2534. **Desque Brutus fu repasseiz, N'i esteit mais nus hom aleiz.**
— **Ducs N. II,** 8008. **Desquu esteit jofnes enfés petiz Ert ententis sis esperiz
A retenir bone doctrine.** ibid. 8121. 11287. 19718. — **Fier.** 2240. **Dès que fui
à Romme, m'a tout mon cuer emblé.** — **Lyon** 6671. **et si ne fui onques Si liee.**

des que je fui nee. 6799. — **Pass.** 2 b. Trenta tres anz et alques plus, Des que carn pres, inter nos fu. — Raoul 1813. Je ne le vi dès quel norri garçon. ibid. 1647. 8425. — Rou II, 1275. di mei Se ta femme embla rien, puis qu'ele vit od tei. Ist in dem Hauptsatze schon ein Zeitbegriff mit il a (nfr. il y a) enthalten, so steht im Nebensatz nur que. Zuweilen fehlt dieses que überhaupt. Alol 7499. Il nen a mie encore plus de III mois passez, Cis garchons uint en France. 2091. — **Alex.** 42 e. Nem conoistront, tanz jors at que nem virent. — **Alisc.** 8800. Bien a VII ans ke il a desiré D'un molt grant tinel faire. — **Amis** 548. Bien a VII ans passez et acomplis Que je ne vi ma moillier ne mon fil. ibid. 190. 1635. — **Auc.** 24,48. Or a III jors qu'il m'avient une grande malaventure que je perdi le mellor de mes bués. — **Deus Esp.** 11240. Con bien a, k'il se departirent De nous? 219. 583. 1883. 5201. 6788. 7179. 7887. 7811. 10436. — **Ducs N.** II, 22800/1. ... un an entier A que cist regnes est perduz E que morz est e confonduz. 8003. 12596. — **Fier.** 5976. Passé a V c. ans que il fu lapidés. ibid. 278. 8411. — **Floov.** 374. — **Gar.** I, 75,21. 157,12. II, 57,2. 65,2. 219,5. — **Gorm.** 831. Uncore n'ot oit jurs entiers Qu'il l'ot arme a chevalier. — **In Gui.** 3609. Que ne me despoillai il a VIII jors entiers geht der Nebensatz mit que voran. Gui. 34. 58. 198. 439. 861. 1049. 1861. 3748. 8770. 3959. — **Horn** 3702. Treis anz i ad passez ke ne finai d'errer Por vus querre par tut. 539. 2549. 2895. 4630. — **Journ.** 788. 1438. — **Lyon** 4732. S'avoit tierz jor, que la reine Ert de la prison revenue. — **Par.** 211. 889. 2210. — **Raoul** 8785. Bien a V ans ne montai sor destrier. 7943. 8012. 8122. 8308. 8456. — **Ren.** 364,84. Bien a passé VIII jors, lasus home ne vi. 67,6. 87,22. 187,10. 355,26. 456,28. u. a. — **Voyage** 811. Bien at set anz et mielz, Qu'en ui oït parler estranges soldeiers ...

B. Die Handlung des Hauptsatzes folgt der des Nebensatzes unmittelbar.

Die lateinische Sprache bediente sich zum Ausdruck dieses Zeitverhältnisses der Konjunktionen simul ac, simul atque, ubi, ubi primum, ut primum. Sie wurden gewöhnlich mit dem Perfektum Indicativi verbunden, Zur Hervorhebung des aus der Nebenhandlung hervorgegangenen Zustandes oder bei wiederholten Handlungen stand das Plusquamperfektum. Das Neufranzösische braucht die Konjunktionen dès que, aussitôt que, sitôt que. Nach ihnen steht das Perfektum I oder Plusquamperfektum II, wenn eine einmalige Handlung, das Imperfektum oder Plusquamperfektum I, wenn eine wiederholte Handlung bezeichnet werden soll. Das Altfranzösische hat sich neue Formen gebildet, um diese Nebensätze der Zeit einzuleiten, Formen, die teilweise im Neufranzösischen wieder aufgegeben worden sind. Solche Neubildungen sind tantost com, sitost com, des que, si com, lues que, maintenant que, tout ainsi com. Ausserdem wird noch in temporalem Sinne verwendet ou que oder

blosses ou, welch' letzteres dazu dient, die Handlung des Neben-
satzes als unmittelbar vor der des Hauptsatzes eingetreten, und als
noch fortbestehend während derselben darzustellen. Das Verbum
steht im Indikativ. |Man vergleiche hierzu: Johannsen, über den
Ausdruck des Konzessiv-Verhältnisses im Altfranzösischeu. Kieler
Dissertation S. 34.] Nach ou oder ou que findet sich hauptsächlich
das Präsens, in einigen Fällen auch das Perfektum I. Es kommt
in unseren Dankmälern nur beim Verb voir vor.

a. Im temporalen Nebensatz steht das Präsens.

nach ou, ou que.

Aiol 10925. U qu'il noient lor pere, flerement li escrient. 2287. 2725.
5092. 6487. 8930. 9994. 10735. u. a. — Amis 544. Ou voit le conte, si l'a a
raison mis. 747. 815. 1190. 1556. 2262. 3313. u. a. — Fier. 2885. 3351. —
Floov. 111. 1753. — Gar. II, 78,11. Où voit Begon, si l'a a raison mis. I, 67,3.
105,17. 182,9. 236,17. II, 94,5. 249,13. u. a. — Gui. B, 3936. Ou que il voit
Bertrant, si li a demandé. ibid. 340. 770. 1948. 2744. 3046. 3632. und öfter.
— Jourd. 42. Ou voit Girart, si li chait au pie. 901. 943. 1198. 1939. 3778.
— Par. 423. Hoù que il voit le duc, si l'a araisoné. — Raoul 2292. Ou q'il
le voit par le bras l'a saisi. 1160. 2287. 3947. 4807. 6043. 6728. u. a. — Ren.
442,16. Où qu'il voit son seigneur, si li cria merci. 120,13. 226,16. 255,81.
439,36. u. a.

nach anderen, simul ac entsprechenden Konjunktionen.

nach si com (ainsi com).

Alisc. 1665. Si com G. le prent à raviser, Parmi le caup voit c paiens
aler. 4694. 5302. — Amis 3074. Si com il touche le sanc el front Amis, Li
chiet la roiffe. ibid. 128. 1100. 2469. — Fier. 4377. Tout ainsi com ele vait,
lait le ceval aler. — Raoul 3489. Si com il va contreval la praele, Voit sa gent
morte. 5665. — Rol. 667. Par main en l'albe, si cum il jurz esclairet, Guenes
li quens est venuz as herberges.

nach si sost com (tantost com, que).

Amis 128. Il le connut si tost com il le voit. 1100. 2469. — Deus Esp.
9808. si les recoiuent Mout bien tantost k'il apercoiuent. 1808. 9860. 11742.
— Ducs N. II, 789. Li reis, si tost cum l'aube abrande, Comande à sa gent
qu'ele s'espande Parmi la terre. 9251. — Gui. 2836. Tantost com li chevaus
commence à galoper, Nus deduis ne seroit plus biaus à escouter. — Lyon 4876.
— Ren. 289,14. Tantost cum il se voient, si se vont ajoster. 240,25. 326,37.

nach lues que.

Deus Esp. 11100. Lues que le besoing nenir noient, Tuit desarme s'en
issent fors. 4055. 5270.

nach maintenant ke.

Deus Esp. 3388. Et tout maintenant ke il noit K'il amende si, s'a grant
ioie. 4365. — Lyon 5519. Li lyeons comance a fremir, Tot maintenant que
il les voit. 4805. 5394. 6450.

nach des que.

Ducs N. II, 12501. Dès qu'il entrent en Normandie, Tote la terre brait et crie. 383. 9513. 10976. 10981. 11873. 15184. 32308. — Lyon 1374. Cos d'espee garist et sainne Molt tost, desque mires i painne. 1445. 1447. — Par. 2816. A Deu commant mon fil dès que o vos vet aler. — Rou III, 898. N'i estuet aueir autre prueue, Des que l'un al mesfait le trueue. II, 2219. III, 5796. 5807. Einmal steht quant primes im Sinne von simul ac in Rol. 2845. Al' matinet quant primes apert l'albe, Es veilliez est li emperere Carles.

Hypothetisch gebraucht ist des que in Lyon 2647. Des que li cors est sanz le cuer, Don ne puet il estre a nul fuer, Et se li cors sanz le cuer vit Tel mervoille nus hom ne vit.

b. Im Temporalsatz steht das Imperfektum.

Ducs. N. II, 19934. Kar si cume del pas eisseient, Toz desarmez les ocieient. 41087. Dès qu'en sa nef e à son tort Receveit lait, peril e mort, Ne s'en aveit soing d'eschaper.

c. Im Temporalsatz steht das Perfektum I.

nach ou, ou que.

Aiol 6284. U qu'il uit la pucele, uers li cort les grans cors. — Floov. 897. Où que el vit Richier, doucement l'au apale. 1286. 1359. 1462. 1586. 1696. 2216. — Gorm U voit Gormund c'est d'Oriente, Sur sun escu li duna grande. — Par. 1446. — Ren. 438,12. Où qu'il voit les barons, si lor dist li gentis. 27,18. 168,36. 293,28. 315,28. 426,36. 450,15.

nach anderen simul ac entsprechenden Konjunktionen.

nach si com.

Alisc. 7936. Et l'endemain, si com li aube creva, Par bone amor s'en parti et sevra. 1396. 2048. — Gar. II, 78,7. Si come il vindrent ens evant el chemin, Par devant aus virent un pélerin. I, 11,1. 39,18. II, 59,7. — Raoul 7081. Si con B. issi fors del mostier, Très devant lui trova II cheualiers. 8369. — Ren. 450,25. 455,1. 455,28. — Rou I', 4400. Si cume Normant sorent la paiz mielz desraisnier, Issi l'unt fait al rei iurer e fiancier.

Si quant = simul ac findet sich D. N. II, 40861: E si quant il se reperi, Sempres, que plus n'i atendi, Dist l'arcevesque.

nach si tost com (tantost com, que).

Deus Esp. 9227. et tantost ke il uirent Le cheualier, il s'en fuirent. 10410. 11210. 4682. — Ducs N. II, 40998. Si tost cum la chose fu preste, Si l'en veia en Alemaigne. II, 15247. 18868. 30169. 36550. — Floov. 566. Ele le quenut bien, si tot com ele le vit. — Gar. I, 276,7. Au jur s'en torne, si tost com l'aube vint. 41,27. 91,17. 201,14. 281,7. 286,1. etc. II. 64,15. 128,3. 222,12. 266,4 etc. — Horn 4233. Ele l'ad pris, si l'connit tantost cum ele l'agarda. — Lyon 6712. Et la dame molt s'esjoi Tantost com la novele oi De sa pucele. — Par. 1771. — Raoul 3735. Tant tost com pot monter sor son destrier, ... Molt se pena de son oncle vengier. — Ren. 368,19. Tantost com vit Renaut et trestout son barnage, Il le cuert acoler. 53,23. 890,17. — Rou III, 380. Un deable l'alme seisi Si tost cume del cors issi.

nach lues que.

Aiol 9711. Lens que dut aorer Mahomet et ees indeles, El le saisi as bras, par terre le traine. — Lyon 2377. Si descendi lues qu'il la vit. 313.

nach maintenant que.

Deus Esp. 11592. Et maintenant ke il le uit, Il ua auant ... — Lyon 6515. Maintenant que mes sire Yvains Santi, qu'il fu gariz et sains, Si s'an parti. ibid. 813.

nach des que.

Ducs N. II, 31198. Dès qu'il sout e conut le plai, Vint en Bretaigne senz delai. II, 5015. 5651. 35334. 36970. 41380. — Gar. II, 19,10. Et Francés s'arment dès que li rois lor dist. — Horn 5010. Dès ke parut le jor e li reis se est levez, Dunc sunt tut li baron al paleis asemblez. 5008. — Lyou 452. Et tuit li vant te reposerent, Dss que deu plot, vanter n'oserent. 3276. — Rou II, 4013. Des que Richart le sout, une espie enneia. III, 11278. Li reis monta deliurement, Des qu'il oi le mandement. II, 2006. 8067. III, 471. 1078. 1188. 1770. 1902. 2409. 4029. 8019. 9826.

Auch treke, tresque, scheint in der Bedeutung von sobald als vorzukommen. So z. B. Horn 4002. Treke Horn vit iceus, bien s'est apparcéuz Ke çoe ert Moduns li rois. Ebenso 3388. 3687. 4870.

nach quant primes.

Chron. 150. Mais quant primes tint terre, des anz out, plus ne qui, Des baruns del pais li sunt plusur failli. — Rou III, 2879. Quant Will. primes nasqui, En un estramier fu cuchiez.

d. Im Temporalsatz steht das Perfektum II.

nach tot issi com.

Ren. 306,7. Tot issi com il a son visage torné, Sont endormi Francois tout contreval le tré.

nach tantost com.

Amis 965. Bien le connut tantost com l'a veu. — Deus Esp. 8812. Et cil tantost comme ont ueuc La compaignie, encontre eus uont. 8428. 8726. — Deus N. II, 27189. Si tost cum à port sunt venu, Ausi tost sunt des nefs eissu. — Lyon 6660. Par le lyeon l'a coneu, Tantost, com ele l'a coneu.

nach lues que.

Deus Esp. 4088. Et lues k'il l'a aperceu, Il se lieue. — Fier. 1972. Lues, qu'il ont nos François là dedens avales, S'en tornerent paien.

nach maintenant que.

Deus Esp. 2427. Maintenant ke conneu sunt Et grant joie et grant feste font ...

nach des que.

Ducs N. II, 18881. Oez cum la r'ont engignée, Cum de deceivre est hoem hardiz Des que auques s'i est adetiz E de mentir tot en apert. I, 1595. — Horn 1334. Des ke il sunt arivez, ben tost sunt herbergez. — Rou III, 388. Donc ne sez tu ke l'alme est meie, Des qu'ele est prise en male ueie? II, 1659.

e. Im Temporalsatz steht ein Plusquamperfektum.

α. Plusquamperf. I.

Duca N. 11, 17291. Nul ne haï plus robeors. ... Dès qu'il en esteient ateint Si feseit de eus destruiement. 26952. Dès que la nuit esteit venue Dunc recomençout à errer.

β. Plusquamperf. II.

nach si com.

Aiol 8153. Ensi com ele fu en sains fons baptisié, L'enperere de France l'ama mout. — **Amis** 8258. — **Duca N. 11,** 27926. Sempres si cum fu arivez En Engleterre, reiz Alvrez Reprist le regne senz content. — **Jourd.** 716. Si com Fr. ot mort l'anfant Renier, Dou fil Girart cuida iestre vengiez. — **Raoul** 3747. Del mostier ist si com on ot chanté.

nach tantost com.

Deus Esp. 7307. — **Fier.** 2210. tantost k'en ot usé, Si sanerent ses plaies. — **Gar.** 11, 56,20. — **Gui.** 2572. Tantost com li rois Guis ot finé sa proiere Li revient Danemons ... — **Horn** 794. E Herlant se levat si sost cum out manged. — **Lyon** 5060. Que la dolors m'an fu anblee, Tantost qu'a vos fui asanblee. — **Par.** 572. Tantost com l'ot feru et del fer adesé, Est li poins de l'espee en mi le champ volez.

nach lues qne.

Deus Esp. 6486. Lues ke l'escu conneu out, K'il auoit a son col pendu Communaument sont descendu. 6726. — **Jourd.** 1434. Lues que li rois fu assiz au disner, Ses chevaliers enprinst a apeller. — **Lyon** 457. Lues que li tans fu trespassez, Vi sor le pin toz amassez Oisiax.

nach maintenant que.

Jourd. 2884. Tout maintenant que la nuis fu serie S'en repairierent la pute gent haie. — **Lyon** 8560. Maintenant qu'il fu relevez De pasmeisons, si l'apela.

nach des que.

Deus N. 11, 19844. Mais dès qu'orent l'ovre envaïe, Li bon vassal de Normendie, Sempres i out voidié arçons E grosses lances en tronçons. 5892. 18709. 20166. 30990. — **M. Brut** 2613. Venu furent en Lumbardie, Des que Troie fu essillie. — **Gui.** 3947. Et il si firent sempres dès qu'il l'ot commandé. — **Horn** 4598. Deskes fud conéud ke çoe fud dan Hardrez, Unc ne fud tel baldur entre gent demenez. 2243. 2315. 5070. — **Raoul** 584. — **Rou 11,** 659. Des que Rou out sa gent tute al rei acordee E de ses enemis la terre deliuree, Al rei rendi sun regne. 111, 1080. E des ke il l'out cunen Munter le fist. 111, 5811. 5857. 10724.

f. Im Temporalsatz steht das Präsens Futuri.

nach tantost cum.

Comp. 1816. E il les sucurrat, Tant tost cum ço savrat. — **Deus Esp.** 4588. Et tantost con nous la uenres, Le cor a la bouce metres Por corner. —

Ducs N. ll, 38282. N'en sait en dote n'en espeir, Mais vienge e parte deu rivage Si tost cum verra lor message. **34716.** — **Horn 3055.** Kar tantost cum purrai me verrez revenir. — **Ren. 48,17.**

nach lues que.

Deus Esp. 1242. Mais bien sai k'il assambleront A lui lues qu'il le trouueront. — **Raoul 4579.** Ains lor ont fait fiancier et plevir Lues qe porront les garnemens tenir A la bataille porront molt tos venir.

nach des que.

Ducs N. ll, 5791. Dès qu'il orrunt corner les corz, Sempres quideront estre morz. — **Horn 5000.** Après dit, deske ert jor k'il s'apresterat. — **Rou ll, 2876.** Viegne par mer al duc, des qu'il aura le vent. **lll, 11298.** Donc li a li reïs otreie La garde de Caan en fie A lui toz ters e a son eir, Des qu'il porra Caan aueir. **ll, 2709. lll, 5698.**

f. Im Temporalsatz steht das Imperfektum Futuri.

nach si (tant) tost com.

Comp. 2251. fut cumandet ... e ruvet ... Que dunc sacriflassent E lur Paschas guardassent, Tant tost cum il verreient E qu'il pur veir savreient Que la lune en sun curs Avreit quatorze jurz ... — **Deus Esp. 8088.** et dist C'a sa dame l'enuoieroit Si tost comme il onques poroit. — **Ducs N. ll, 40542.** flst saveir Qu'en la Nove Forest ireit, Si tost cum li jorz pareistreit Chacer. — **Rou lll, 3924.** Jeo iurai que ieo uos ferreie Si tost com ieo uos trouereie.

nach des que.

Ducs N. ll, 19389. Dès que lui n'i auriom, Meins en vaudreit nostre ovre tot. — **Rou ll, 3134.** E li dus l'afia qu'el li sereit dunee, Des qu'ele purreit estre par raisun mariee. **lll, 10488. seq.**

h. Im Temporalsatz steht das Perfektum Futuri.

nach si tost com.

Ducs N. ll, 1891. Si tost cum il s'i ert plungez, Lavez e frotez e baigniez Si tost ert sains. — **Horn 4612.** E si tost cum ert li esturs cumencez, Vus ki serrez muscez si vus desbuscherez.

nach lues que.

Deus Esp. 10446. Et lues ke i'aurai la este, G'irai a court.

nach maintenant que.

Lyon 4259. Si li prient de retorner Por deduire ... Tot maintenant, que fet avra Son afeire.

nach des que.

Deus Esp. 11521. Que nus mesprenge la uers uous, Des que il coueu l'aura (sc. l'anel). — **Ducs N. ll, 25603.** Deus otreie bien qu'ele seit meie. Dès que eissue ert fors de sa veie. **ll, 17843. 24527.** — **Horn 2155.** Sempres eschiperum deske il ert esvespret.

Einmal findet sich sempres quant im Sinne von simul ac, nämlich **Ducs N. ll, 5777.** Sempres quant l'ost sera segreie Qui de nos ne se crient n'esfreie, Seient des noz apareillez ...

Der Konjunktiv steht Ducs N. 1I, 12486: Dunc lur ad dit uns chamberlens Que moniage aveit pramis Si tost com fust en sun païs und 30253: Dès qu'à aucun l'eust donée, Seur fust puis qu'il li donast Ce qu'om le jur le presentast. ... In beiden Fällen ist die Handlung des temporalen Nebensatzes irreal.

2. Die im Hauptsatze ausgesagte Thätigkeit geht der im Nebensatz ausgesagten vorher.

Der Nebensatz wurde im Lateinischen durch antequam oder priusquam mit dem Hauptsatze verbunden. Es stand nach diesen Konjunktionen der Indikativ, wenn die Thätigkeit des Hauptsatzes thatsächlich früher eintrat, der Konjunktiv, wenn der Nebensatz potentiale oder finale Bedeutung hatte. Das Neufranzösische verwendet nach avant que immer den Subjonctif. Die lateinischem antequam resp. priusquam entsprechenden Konjunktionen sind im Altfranzösischen: ains que, aincois que, primes que, avant que und devant que. Nach ihnen steht in der Regel der Konjunktiv. Der Indikativ findet sich vereinzelt und zwar vornehmlich dann, wenn im Hauptsatz ein futurales Tempus steht. Im Nebensatz steht dann auch ein Tempus der Zukunft. Der Schriftsteller sieht das bestimmte Eintreten der Handlung in der Zukunft schon voraus. Im Allgemeinen stehen, wenn sich im Hauptsatze Präsentia finden, auch im Zeitsatze die Konjunktive von Präsentien, nach Präteriten im Hauptsatze auch Präterita im Nebensatze.

Im Nebensatze steht die Konjunktion ains que (ancois que).

a. Im Hauptsatze steht das Präsens,

α. im Nebensatze das Präsens.

Aiol 7860. Mes barons me rendes ains que uienge li soirs. ibid. 819. 7616. 8628. — Alisc. 7223. Ne veut ke muire ains c'ait crestienté. 2490. — Comp. 2492. E ço funt cez huretes Moment e atometes, Que l'um la lune veit Ainz que nuvele seit. 194. 2458. — Deus Esp. 2187. Ki (sc. la forest) tant est auentureuse Et face et tresmerueilleuse, K'il ne puet estre k'il i uiegne Cheualiers, k'il ne li auiegne Ancois k'il s'en isse auenture. ibid. 674. 6205. 11876. — Ducs N. 1l, 13598. S'enquier la chose e saches bien Ainz que tu en faces autre rien, Cum li afaires fu traitiez. 32600. Mais mult crient qu'ele lor faille Ainceis mais qu'à tens e à hore Autre feiée les secorre. ibid. l, 1834. 1l, 4499. 4550. 5854. 10419. 12053. 18164. 14258. 17008. 18182. 21985. 22248/9. 30192. 37118. 39268. u. a. — Fier. 8750. Amis, c'or me baisiés ains que nous i muirons. 500. 962. — Floov. 415. Ainz çois que je i mure, me quit je vandier. — Gar. 1l, 257,5. Ains que le sachent mi mortel anemin, Les cuis je faire coureçous et maris. ibid. 31,6. 89,3. l, 154,9. — Gui.

2011. Ains qu'il viegnent à terre ont il les cuers crevés. 3678. — Jourd. 2784. Ainz que Jordains s'en voist apercevant En lor galie le saichent maintenant. 1355. — Lyon 4414. Mes je li lo, qu'il s'an retort Eincois, que a noauz li tort. 2102. 5527. 6604. — Ren. 852,38. je le lo endroit moi, Que nos mangeons Baiart, einz que aillonz an roi. ibid. 18,16. 338,16. 368,7. — Rou 111, 5339. Longue est l'estoire ainz qu'ele fint, Come Guill. reis denint. ibid. 2692. 2308. 6810. 6902. 8826.

β. mit dem Imperfektum.

Aiol 7932. Ancois que li traitre se peust redrechier, Antialmes li cortois par le nasal le tient. 7545. — Alisc. 8508. Devant le jor, ains ke parust clartés, Depart li os ... 4409. — Deus Esp. 3402. Et ancois ke li mois passast, Il noit k'il est sains et garis. — Ducs N. 11, 32883. Ainz que lor manaie atendist, Par liens gée, par leus roteie. 24147. — Gar. 11. 167,8. Ains que li dus à son cheval venist Li baron vienent et li dus Auberis. 199,10. — Jourd. 1079. Ainz qu'il seust qui fuist ne qui chace Ne por quoi soit faite ceste bataille, En va touz seus sor Ferrant en la place. — Rol. 2280. Einz qu'hum alast un sul arpent de camp, Li coers li falt ...

Einmal findet sich ant que in Pass. 49 a. Ant que la noit li jals cantes Terce vez Petre lo neiet.

γ. im Nebensatz das Perfektum II.

M. Brut 1766. El leu u est si entrepris Chier s'i vent, ainz quil seit ocis. 2168. — Deus Esp. 11510. Et conuient, de ce soies fis, Ains que de nous soie partis, K'enseignes aie bien creables. 8906. — Ducs N. 11, 24427. Une grant piece les conveie, Li dux ainz qu'il les ait gerpiz. ibid. 5804/5. 8989. 16514. 26390. 30921. 32867. — Fier. 1819. Puis conquerromes France ains que l'ans soit passés. 2868. — Gui. 374. Pelerins ne paumier n'i ose trespasser Qu'il ni perde la teste ains qu'il soit avespré. 1383. — Gar. 11, 108,28. Rois, quar chenauche et mande tes amins, Ains que li dus soit retenus et prins. 1, 194,8. 218,6,16. 11, 89,5. — Jourd. 809. Fromons l'arraisne ainz que soit descendue. — Par. 2887. Ançois que il lor aient lo premier mes doné, Atant ez II mesaches. ibid. 1181. — Raoul 1466. — Ren. 322,8. Plus de XX sols se donent, ains qu'il soient sevré. 275,35.

δ. im Nebensatz das Plusquamperfekt II.

Aiol 2669. Ains que fuisent passe plus de V ans, Les uont si li diable moutepliant, Que ... — Alisc. 1501. Ains k'il éust tot son estal finé Voit de paiens tot le tertre rasé. — Amis 168. Ainz que il fust demie lieue alez, Devant lui garde si a veu uns pres. 692. — Deus Esp. 8854. Et ancois k'eust bien contees. Ces nouieles, ele l'acole. — Ducs N. 11, 32404. Ainz que l'aube fust resclarzie Enveie au duc de Normendie. 11, 23622.

Der Indikativ findet sich in

Ducs N. 11, 13216. Cherement vos en preiom Que à home l'en reveiz Ains que de nos vos departeiz. — Raoul 939. Prenez on droit ainz que riens lor mesfai. — Ren. 401,12. Plus de C. fois lo baise ains que le volt laisier. 347,25.

b. Im Hauptsatz steht ein Imperfektum.

α. Im Nebensatz das Präsens.

Aiol 8894. Ancois qu'il se departent, n'erent pas boin ami. — **Ducs N. 11,** **7755.** Li a ceo requis e mandé Qu'ainz qu'il s'en aut de la cité Paront à lui.

β. Im Nebensatz das Imperfektum.

Deus Esp. 673. K'il n'est feme nule tant fiere Ne hom ... Ke du sens ne li esteust Issir ains k'il en escapast. — **Ducs N. 11, 88835.** Le duc amont ainz qu'il fust reis. ibid. 20188. 33504. 1, 130. (Ueberschrift.) — **Fier. 4077.** Bien couroit XXX liues ains qu'il fust lassés. — **Gui. 3953.** Ains péust on avoir une grant liue alé Que il s'entrelassassent ne péussent parler. ibid. 2422. — **Lyon 949.** Desfier me deussiez vos, Se il eust raison an vos, Ou au moins droiture reguerre, Einz que vos me meussiez guerre. 6300. — **Raoul 4551.** I grant arpent alast I hom corant Ains q'eüst mot de la bouche parlant. ibid. 1604. 2647. 6988. — **Ren. 203,24.** Certes se jel veoie ençois que morusom, M'ame en iroit plus lie devant nostre seignor. — **Rou III, 6751.** li mandout, Que del pais s'en retornast E en sa terre s'en ralast, Ainz que Heraut de north uenist. 11, 122. 111, 11376.

γ. Im Nebensatz das Plusquamperfekt II.

Deus Esp. 11693. S'ert ruste, ke mout s'i laissast Uns boins legiers hon, ains k'a mont Fust bien montes. — **Fier. 4867.** Ançois que on éust une liuée alé, Veissies si Flagot engroisier et enfier. — **Lyon 2745.** Qu'ele cuidoit, qu'il li gardast Son cuer et si li raportast Eincois que fust passez li anz. — **Ren. 33,24.** Mult bien poist on estre demie liue alé Ençois que li baron se fussent-relevé. — **Rol. 1804.** Se vẽlssum Rolant, einz qu'il fust morz, Ensembl' od lui i durrium granz colps.

c. Im Hauptsatz steht das Perfektum I.

α. Im Nebensatz das Präsens.

Deus Esp. 7736. et ainz k'il se liet Sot il bien, ki cascu ne estoit. — — **Gar. 11, 1C5,6.** Vint à Orliens, ains que past li midis. 1, 201,10. — **Rou III,** **6636.** Pristrent robe, pristrent uitaille, Ains que cele des nes lor faille. 6002. — **Ren. 867,7.** Lendemain par matin, ains que liet la poudriere, Fist son ost aroter.

β. Im Nebensatz das Imperfektum.

Aiol 8538. Puis soufrirent grant paine et morteus encombriers, Ains qu'il portaisent armes ne fuisent cheualier. 4838. 8749. — **Alisc. 2604.** Ains ke Aimeris fust el palais vautis, Li vint encontre ses genres Loéis. ibid. 2281. 5163. 8203. — **Alex. 92 a.** Ainz que t'ousse, si'n fui molt desirrose. — **M. Brut 1976/7.** Granz partie passa del jor, Ainz que nuls d'els ait lo meilor, Que l'uns puist l'autre surmunteir En la bataille ne greveir. ibid. 2254. — **Deus Esp. 10282.** Car nous auons ausi oi Dire ke mes sire si fist, Ainz ke de uie departist. ibid. 5736. 6831. 10854. — **Ducs N. 1, 1276.** Mais ainz que levast le soleil Furent il ès nefs par matin. 41926. Puis ainz que passast li estez, Si cum le meis de juing comence, Vint li apostoile Innocence A Roem. ibid, 11, 7795. 10158. 13844.

14057. 14990. 19918. 21627. 21718. 22865. 26848. 28116. 80444. 80690. 81006.
81588. 81687. 81915. 82266. 82587. 32766. 84802. 85037. 85905. 88224. 89594.
40200. — Gar. ll, 111,9. Ains que li dus ses esperons traisist Li vint encontre
l'empereres Pepins. ibid. l, 187,16. ll, 205. seq. — Gui. 2080. Ains qu'il venist
à terre, ot il le cuer crevé. — Jourd. 2885. Plus de douz ans les convint a
esrer . . . Ainz qu'il poissent a la terre assener Ou Reniers fu. — Horn 1615.
Ainz ke mot sussent cumençad la huée. 4500. — Lyon 6658. Einz cuidoit, qu'il
li coveniat Molt querre, eincois qu'a lui veniat. — Ren. 188,18. IIII fois le
baisa ains qu'il vosist laissier. 31,82. 64,8. 90,81. 96,28. — Rou ll, 1751. Asez
iut longement, ainz qu'il eust sante. ll, 8988. Al duc Guill. a mult pese Que
Heraut l'ont en tel uilte Qu'il ne deigna a lui parler, Ainz qu'il se feist coroner.
ibid, l, 186. ll, 1749. lll, 613/4. 4188. 9038. 10158. 10692. 11208.

γ. Im Nebensatz Perfektum II.

Aiol 465. Aincois qu'il l'ait ploie le regarda. — Alisc. 1465. Ains ke li
glous ait guerpi l'estririere, Saisist li ber l'espie od la baniere. 7181. — Dens
Esp. 4166. Et ains k'il s'en soient torne Li castelains les apiela. — Fier. 8190.
Ains qu'ele ait sa parole et ses dis affinés, Li falirent si menbre . . . 1041. —
Gui 1899. Ains ke Boïdans l'ait de riens araisoné Le saisi par la barbe.

δ. Im Nebensatz Plusquamperfektum II.

Alisc. 1891. Anchois i ving ke il fust defenis. 5021. — Alex. 92 b. Ainz
que nez fusses si'n fui molt anguissose. — M. Brut 3706. Altres premiers i
voldrai metre . . . ki roi furent de Lumbardie Ainz que Eneas l'eust saisie. 8718.
— Dens Esp. 480, et si en fis Drap a l'autel, ains ke partis Me fuisse d'iluec.
— Dues N. II, 41580. Ainz trespasserent plusor an Qe delivrés fust Galeran.
ibid. 3498. 4425. 31191. 81855. 36821. 86571. 87726. 88912. 40479/80. — Fier.
1975. Anchois que on éust une liuée alés, Furent nostre François dusc'al menton
es gués. 650. — Gui 698. — Gar. 69,12. Au chastel vindrent, ains que fust
esclarci. — Lyon 5911. Eins que li rois eust ce dit, Le chevalier au lyeon vit.
809. — Par. 782. Il issent de la ville ainz que fust ajorné. - - Horn 276. Si
supristrent ainceis ke fust acointed. — Ren. 264,25. Car je li aflai, encois que
il fust pris, Que . . . 112,16. 120,18. 157,10. 228,4. 406,25. — Rol. 688. Einz
qu'il oüssent quatre liwes siglet, Si's aquilit e tempeste e orez. — Rou III,
2772. Kar mult i eust grant occise, Ainz ke la terre fust cunquise.

d. Im Hauptsatze steht das Perfektum II.

α. Im Nebensatz das Präsens.

Aiol 1627. Ancois que il s'en parte, l'a encore areinie. 3635. 10427. —
Dens Esp. 6318. Et ains k'il uoist auques auant, Il a eus en mi un uaual
Trouue le plus plaisant praiel. 11586. — Dues N. II, 27080. Ainz que li dux
R. se moeve, Li a demandé qu'il est. l, 1872. ll, 8954. 14128. — Floov. Et
sont venuz à Basme ainz que li soroz liet. — Gui 2192. Li rois, ains qu'il s'en
parte, a tendrement ploré. — Horn 1280. Mès, ainz k'issent fors, sunt suvent
reguardet. — Rol. 2989. Einz que jo vienge as maistres pors de Sizre, L'anme
del cors me seit hoi departie.

β. Im Nebensatz das Imperfektum.

Aiol 1256. Ancois qu'il s'en alast, l'a fait disner. — Alisc. 1036. Ains k'il chaït a son escu conbré. — Deus Esp. 6815. Por cui ai eu a mon cuer Maint duel, ains ke nous uenissies. — Ducs N. II, 88400/1. Ainz que le duc araisonast Ne que de rien od lui parlast, L'a de ses ganz deus feiz feru. 21409. 28015. — Fier. 4925. Anchois que li gaians se péust trestorner, L'a feru K. 3221. — Gar. I, 75,1. Ains que manjast li riches rois Pepins, Par devant lui el palais se sunt mis. — Rou III, 9135. E io li ai posa grae Des anceis que io fusse rois.

γ. Im Nebensatz das Perfektum.

Ducs N. II, 21175. Jà n'iert li quens Tibauz fi fort Qu'il ne seit chascez e destruiz Ainz que de vos se seit esduiz. ibid. 11, 8823. 18481. 87285. — Fier. 8569. Ains que li paiens soit guencis ne trestournés, L'a R. si feru parmi l'iaume gemmé. 1380. — Ren. 40,34. Mais ençois que il soient fer vestu et armé, Lor est l'agaist saillis del parfont gaut ramé. — Rol. 2085. Einz que Rollanz se seit aperceüz, De pasmaisun guariz ne revenuz, Mult grant damage li est apareüt. — Rou II, 2472. Ceo dist Ernulf al rei, qu'il seit fait viuement, Ainz que Richart ait pris graignor esforcement.

δ. Im Nebensatz das Plusquamperfekt II.

Alisc. 5517. Ainz ke li rois eust son frainc retiré, L'a R. si dou tinel frapé. 3587. 5542. — Ducs N. II, 10873. Ainz que li dux se fust menz A de vilains moz entenduz. 11, 8160. 8561. 4110. 9784. 80166. 34460. 85579. — Fier, 3328. ... ains qu'il fust relevés, L'ont Sarrazin saï. — Fleov. 387. Ainz que li Sarrazins fut montez ou destrier, Tel cop li ai doné ... — Jourd. 3951. Ainz que par l'ost se fust la gent le vee, Ont mainte tante abatue et versee. 3598. 4238.

e. Im Hauptsatz steht das Plusquamperfekt I.

α. Im Nebensatze das Imperfektum.

M. Brut 288. — Ducs N. 11, 43238. Devant ainz que morust li reis, S'esteit de lui de Normendi Auques iréement partie. — Gui 3624. — Horn 3125. Mais einz qu'il venist estoit il descendu.

β. Im Nebensatze das Perfekt II.

Horn 4529. Un evesque ad pur çoe e un abbé mandez, Ki erent maintenant à dan Horn enveié Ainz qu'il ait sun païs ne mal mis ne gastez.

γ. Im Nebensatze das Plusquamperfekt.

Amis 1552. Ainz qu'elle fust a la terre abaissie L'avoit li cuens et prinse et empoingnie. — Ducs N. II, 41900. Ce vont demander et aveir Que sis freres aveit tenu, Ainceis qu'à rei fust esleu. 11, 25381. 41978. — Rou III, 6560. Uns clers esteit al duc uenuz, Ainz que de Some fust menz. 111, 2770.

f. Im Hauptsatze steht das Plusquamperfekt II.

α. Im Nebensatze das Präsens.

Ducs N. II, 25141. Ainceis que jus le par enpaigne R'out son brant d'acer à sei trait. — Fier. 785. Ançois éust uns hom demie liue alé Ne l'uns ne l'autres sache quel part il sont alé. Que im Nebensatze fehlt.

β. Im Nebensatze das Imperfektum.

Aiol 9808. VII ans orent passe, ancois c'Aiol ueissent. — **Alisc.** 7983. Dès or vauroie que fusiés adoubés Ains qu'en ralast mes riches parentés. — **Amis** 8195. Ains que poist bien iestre relevee, Fu si la chambre de l'autre gent peuplee. 1997. — **Deus Esp.** 10088. et orent ostees, Ains k'il meussent, lor espees. — **Ducs N.** II, 9506. Ainz que li dux feist son tor, Out trait le vert branc de color. 82887. Ainz que l'aube parust del jor, Ont si passez les guez de Vire. ibid. I, 758. 11, 2582. 8999. 4409. 11817. 16501. 18251. 18988. 19210. 19245. 25508. 26405. 29419/20. 80551. 31483. 32555. 82697. 33589. 34185. 36651. 86857. 87445. 38664. — **Fier.** 812. Li paiens ot le cief so du cop estonné Que vous éusiés ains demie liue alé Qu'il séust où il fu. — **Gar.** I, 15,20. II, 95,15. 204,20. — **Gui** 3130. — **Horn** 280. Par tant si fud occis ainz que venist H. — **Lyon** 65. Qu'ainz, que nus la poist veoir, Se fu lessiee ertr' ax cheoir. 4310. — **Par.** 2782. — **Ren,** 386,28. Ancois que ne metisse devant lui de la place, Menaciés fu à tondre. — **Rou** III, 9742. Mais morte fu petite e tendre, Ainz que Robert la peust prendre.

γ. Im Nebensatze das Perfektum.

Ducs N. II, 5426. Mais maint costé e maint forcel I out enfundré e percé ainz qu'il eient del tut laissié. 85769. — **Fier.** 4014. Puis i furent II mois acomplis et passés Ançois c'onques Richars se soit d'iluec tournés.

δ. Im Nebensatze das Plusquamperfektum.

Aiol 41. Ancoiz que li ans fust passes ne aconplis, Ot il si bien le roi aquite son pais Que ... — **Amis** 19. Ansoiz qu'Amiles et Amis fussent ne, Si ot uns angres de par deu devise La compaingnie par moult grant loiaute. — **Ducs N.** II, 39750. Ainz que fust abaisiz li seirs, L'orent en la nef mis en Seigne. 3949. 14182. 16010. 20234. 23310. 24323. 26480. 84233. 34748. 35810. 38418. 89094. 89291. — **Fier.** 5093. Car il furent estaint anbe II en dormant, Ançois que l'empereres éust conquis Balant. — **Jourd.** 2517. Traite an orent mainte pezant jornee Ainz qu'elles fuissent a cel port arrivée. — **Lyon** 4230. Einz que cil se fust regardez, Li ot au tranchant de s'espee L'espaule del bu dessevrée. — **Par.** 368. ainz qu'en aüst gosté Li furent de la teste andui li oil volé. — **Ren.** 405,85. Ains que li rois Thomas .. Fust armés ne garnis .. Fu il pris ... 821,12. — **Rou** III, 9588. Mais maint grant colp out receu Ainz qu'il l'eussent secoru. 111, 2718.

Einmal steht im Nebensatz mit ainz que das Präsens, nämlich **Par.** 2330. Ainz quel sachent an l'ost, ne la jent soit armée, Ann i ot il ocis plus de dis charretées.

g. Im Hauptsatze steht das Präsens Futuri.

α. Im Nebensatz das Präsens.

Aiol 9692. Ancois que iou mengue, li trencerai la teste. 1250. 2958. 4313. 4652. 6565. 6954. 7166. 7897. 7911. 7923. 8628. 9867. 5570. — **Alisc.** 2688. Ains ke m'en parte, le ferai tot dolant. ibid. 4169. 4855. 4774. 6220. 6863. — **Deus Esp.** 284. Dites lui ke ains k'il s'en uoise Li mousterrai ie tel compaigne. ibid. 2156. 3410. — **Ducs N.** I, 1784. El chef lui assera corone Ainz que demain past ore

de mone. 11, 34696. E ce mostera il por veir Ainz que vienge demain à seir.
ibid. 11, 2634. 7987. 9252. 15091. 20565. 20700. 21977. 24961. 27808. 28258. 33060.
33585. 37024. 41766. — Fier. 1545. Ains k'il voie Karlon, ert dolens et irés.
ibid. 42. 47. 392. — Floov. 210. Ainçois que il soit vespres ara au cour pesance.
651. — Gar. II, 235,18. Ains que je muire me venderai mult chier. 1, 194,15.
11, 32,8. — Germ. 249. Ainceis qu'augiez guaires de terre, Mien enscient, l'avrez
mult pesme. — Gui 4099. Aincois que tu reviegnes ... Orrois vos teus noveles
dont vos joiant serés. 2218. — Horn 1646. Grant damage e frat ainz k'il eit
finement. — Jourd. 2827. Il le raurout ainz que past la vespree. 2824. — Lyon
747. Mes sire Yvains maintenant monte, Qu'il vangera, s'il puet, la honte Son
cosin, einz que il retort. ibid. 3821. 6616. -- Raoul 6037. Ainz qu'il retort
ara tel encombrier. ibid. 2640. 3940. 5004. 5656. 7746. — Ren. 213,1. Ains que
vos les aies, ara caut li plus frois. ibid. 14,34. 51,3. 58,20. 63,4. 69,4. 248,2.
302,22. 335,26. 434,8. — Rol. 1690. Einz que il moergent, si se vendrunt mult
chier. 1900. 3480. — Rou 11, 4051. Mult en tuerum ainz, qu'il se puissent armer.
111, 10628. — Voyage 615. Et reprendrai l'esplet, ainz qu'a terre s'abaisset. !

β. Im Nebensatze das Perfektum.

Aiol 6861. Car ancois qu'il ait gaires longement ceualcie, Grans maus li
auenra. 3357. 4278. 4724. 5260. 5966. 7151. — Alisc. 8828. De chà venra ains
qu'erbe soit fenée. 4928. — Deus Esp. 3511/12. — Ducs N. 11, 18201. Nos en
istrom en mi lor vis Ainceis qu'il nos aient assis. ibid. 11, 5700, 15151. 26997.
40972. — Fier. 4545. Mais ains c'aiés en Franche seul XX ans conversé, Seront
grant li enfant qui or sont novel né. ibid. 734. 1672. 3761. 3945. 4050. 4088.
5356. — Gar. 11, 61,15. Certes vint ans i porra bien cropir, Ains que par force
né par assaut soit prins. ibid. 1, 82,2. 214,11. — Gui 158. Aincois que l'aies
prise ne vaincus les Persans, Auras tu I secors si bel et si avenant ... ibid.
735. 1889. 3880. — Jourd. 2958. Mais se deu plaist ... L'uns verra l'autre
ainz que jors soit passez. 1189. — Lyon 4298. Car einz, que midis seit passez,
Avrai aillors a feire assez. — Ren. 867,17. Ains que i soie asis, en val ne en
costiere, I perdra Karllesmaines de sa gent pautoniere. ibid. 20,11. 76,4. 98,33.
127,13. 239,35. 274,27. 295,14. 299,24. 300,35. 302,11. 305,30. — Rol. 811. N'en
descendrat pur malveises nuveles, Enceis qu'en seient set senz espees traites. —
Voyage 517. Ains que seliez chalciez, le matin li dirai.

Ebenfalls den Konjunktiv im Temporalsatz haben wir anzunehmen
in folgenden Fällen:

Gar. 1, 167. Ains que s'en partent, par foi le vous plévis, Sarons-nos bien
que il averont prins. — Gui 708. Car, ancois qu'il voient lor seignor droiturier,
Aura chascuns poor de la teste à tranchier. — Jourd. 2184. Ainz qu'il repairent,
le comparront si chier. Que ... — Raoul 3875. Ains qe il fuient se venderunt
molt chier. — Ren. 42,4. Encois que il remonte, aura mestier d'aïe.

h. Im Hauptsatze steht das Perfektum Futuri.

α. Im Nebensatze das Präsens.

Aiol 6451. Bien sera esligie ains qu' isse de uo terre. 7597. — Alisc.
8321. Mais ains que isse de l'an la terminée, Aura Tiebaus si Orenge atornée

... bid. 315. 2279. 7014. — Ducs N. ll, 31813/4. Kar ainz que seit clers li matins Ne que chant l'aloe cupée Vos en r'aurom ci ramenée. ibid. l, 2010. ll, 13416. 18470. 25531. 33467. — Fier. 5307. or ne vous dementés, Que, ançois qu'il soit vespres, moult bien vengiés serez. ibid. 2346. 2876. 4403. 5557. — Floov. 178. Car, ainçois qu'i soit vespres, serai il corrociez. — Jourd. 3143. Q'ains que ses pere la puist avoir trouvee, En aura il mainte painne enduree. — Lyon 6216. Mes eincois que del champ s'an voisent, Se seront bien antracointie. 2085. — Par. 2116. Ancois que il i tande ne paveillon ne tré l'aurai ... couz reçus et donez. ibid. 2021. — Raoul 4888. Je me fi tant en Dieu et sa vertu, Ains q'il soit vespres t'avrei je confondu. ibid. 3047. 4158. 4249. — Ren. 425,30. Que encois que soit vespres, vaincu nous l'auerons. ibid. 8,10, 41,3.

β. Im Nebensatze das Perfektum.

Alisc. 6831. Tout serons mors ains qu'il soit avespré. ibid. 2870. 7579. — Deus Esp. 1273. Vous le m'aures anchois ... Donne, ke descendue soie. — — Ducs N. II, 18842. Ainz que li granz oaz seit venuz Nos auront toz les chés toluz. ibid. 451. 730. 18298. 25855. 35123. — Fier. 5130. Ains k'il aient les contes de prison delivré, Seront il moult forment travaillié et pené. — Jourd. 2727. Car ainz qu'il soient d'iluecques eschape Auront il bien lor hardement monstre. — Par. 191. Madame en sera arse, ainz que soit avespré. — Raoul 3291. Mais ains que soit la nuis au jor meslée, En sera il mainte targe troée.

Nach Analogie der vorigen Beispiele müssen wir wohl auch in folgenden beiden Fällen den Konjunktiv im Temporalsatz annehmen: Aiol 8328. Mais ains qu'eles departent seront chier comperees und Fier. 3203. Anchois que il retournent i ara caus donnés.

i. Im Hauptsatze steht das Imperfektum Futuri.

α. Im Nebensatze das Präsens.

Deus Esp. 5042. — Ducs N. II, 16004. Mais ainz que mais s'en puisse eissier, S'en porreit mult bien repentir. — Fier. 4738. Mais ains que il soit vespres ne solaus esconsés, N'i vorroit li miudres estre pour M mars d'or pesé. — Gui 1826.

In Gui 1987: Icil Sires le gart ...! Que il, einçois qu'il voient le soleil abaissier, N'i vaudrait le miudre estre por l'or de Montpellier kann die Form voient sowohl Indikativ als Konjunktiv sein. Nach Analogie der vorigen Fälle müssen wir voient jedoch für den Konjunktiv halten.

β. Im Nebensatze das Imperfektum.

Deus Esp. 1623. Si me feroit ia grant anui Ains que de si haut i touchaise. — Ducs. N. II, 11764. Autre en porreit deseriter Ainz que rompisse l'aliance Qu'entre nos est ne la fiance. 18857. 15995. 39979. — Jourd. 3258. Il jure ... Ainz qu'il issist de la cite garnie, Li feroit il en sa cort vilonie. — Lyon 6004. Neis ci, s'il le connissoit, Feroit il ja de lui grant feste Et si metroit por lui, sa teste, Et cil l'a soe ausi por lui Einz qu'an li feist grant enui. — Rou ll, 728. Se mestiers lur esteit, a lur sucurs vendreient, E s'il ainz qu'il venissent destruire nes purreient, Fussent Franceis en paiz e il les vengereient.

γ. Im Nebensatze das Plusquamperfektum.

Fier. 2567. Ocire nous feroies ains que jonrs fust passés. 5979.

k. Im Hauptsatze steht das Plusquamperfektum Futuri.

α. Im Nebensatze das Imperfektum.

Ducs N. l, 2001. Ainz que fussez en voz contrées, Les ravereient-il arivées 11, 14822. Qu' ainz que eussum par lui ajue Sereit la terre confundue.

β. Im Nebensatze das Plusquamperfektum.

Deus Esp. 8844. Il seroit in tantost tues Ains ke nous fuissies remnes Plain pas. — **Ducs N.** 11, 11924. Ainz que bien fuisseiz revertuz Resereit il sur mei venuz. — **Fier.** 1993. Ancois que uns de nous i fust mais avales, I auroit de paiens IIII m decaupés.

l. Im Hauptsatze steht ein Infinitiv.

Rou II, 3186. A Roem les tramist en une cumpaignie, Pur la cite suprendre, ainz qu'el fust esturmie.

Der Temporalsatz wird eingeleitet durch auant ke. Im Hauptsatz steht das Plusquamperfekt I, im Nebensatz der Zeit das Imperfekt des Konjunktivs.

Deus Esp. 10211. et s'estoit racordee Auant ke il se combatist, Auant ier quant ele li dist Que ...

Der Temporalsatz wird eingeleitet durch deuant ke. Im Hauptsatz steht in der Regel ein futurales Tempus; im Nebensatz der Zeit der Konjunktiv.

Deus Esp. 380. Ja mais n'ert lies deuant k'il puisse Amender ceste mespresure. 10442. a cort n'iroie Deuant k'a la fontaine soie. 247. seq., 264. 3442. 4392. — **Horn** 1204. Ne vus frai nul cuvent ... à cest tur Devant ke seit séu si j'aurai valur.

Der Temporalsatz ist eingeleitet durch deuant ce ke. Im Hauptsatz steht ein futurales Tempus, im Nebensatz der Konjunktiv.

Deus Esp. 291. Voir, io mais ior lies ne serai Deuant ce ke i'aie amendee La grant honte. 5221. Et dist qu'ele ne se mouuroit De cort deuant ce k'il uenist. 10694. Si sacies bien ke nous n'aures De ceste plaie garison Deuant ice ke cil sans non Vous reflerce de ceste espee. 1842. 3423. 3677. 8679. 9187. 10896.

Der Indikativ findet sich nach ainz que:

Alisc. 4145. — **Comp.** 1510. Li corn ... Signeflent itant Que ariere e avant Nostre Sire esguerdat Ainz que le munt furmat. — **Ducs N.** II, 2843. Al asembler e al contendre Furent, ainz quint jor passé sunt. Hier fehlt que. ᶦbid. 11, 7245. 7588. 11553. 21297. 25409. 34471. — **Gar.** 1, 105,2. Ains qu'il fut vespres, vinrent en la cité. — **Horn** 4259. Ainz ke l'oi afaitié, enz en mue le mis. 3164. — **Par.** 2067. Il i furent ançois que li dús n'ert assez. — **Raoul** 1015. Et jure Dieu ... Qu'il nel l'airoit por tout l'or de Tudele, Ains qu'il le lait en iert traite boele. — **Ren.** 193,86. Mult nos i vendrons cier, ains que nos i moron. 93,35. 173,30. 252,27. — **Rou III,** 9272. Une loee prof entiere, Ainz que le cors fu mis en biere. Laissierent le rei sol gesant.

Der Indikativ steht nach deuant (ce) ke. Im Haupt- und Nebensatz findet sich ein futurales Tempus.

Comp. 2174. Ne ja fin ne prendrat, Devant ço qu'il vendrat Al jurn qu'il cumençat. — **Deus Esp. 2584** ... deuant ce k'il seront Bien repose, ne se mouura Du castel. **9072.** ... mais ne finera D'errer deuant k'il trouera Ki uoire nouele li die De l'espee. **3692. 5578. 6926.** — **Reu. 454,5.** Jamais ne finerai ne penrai arrestage Devant que je sarai où penra son ostage. **201,38.**

Der Nebensatz der Zeit ist nur durch ainz resp. avant eingeleitet. In beiden Sätzen steht ein futurales Tempus.

Floov. 1259. Mahom e Tavergan an ai ma foi plevie Que ne baiserai home ... Ainz aurai mort Francois de m'espée forbie und **Gar. 245,11.** Si m'aït Diex, ne mouerai de ci, Avant aurai ceste cité conquis.

Es können ainz und que auch durch einen ganzen Satz von einander getrennt werden. Das Tempus ist in beiden Sätzen das Präsens Futuri. So:

Rol. 88. Einz ne verrat passer cest premier meis Que jo l sivrai od mil de mes fedeilz. — **Reu III, 6764.** Ja ainz, co dist, ne s'en ira Que de Heraut se uengera.

In Aiol 6403: IIII fois se pasma ains qu'il dut redrecier und Gar. I, 55,9: A Cambrai vint ains qu'il dut anuitir dient das Verb devoir vielleicht nur zur Umschreibung des Konjunktivs.

Es sind nun noch diejenigen Nebensätze der Zeit zu betrachten, welche im Lateinischen durch donec, quoad eingeleitet werden. Der die Handlung des Hauptsatzes bestimmende Adverbialsatz drückt einen Zeitpunkt aus, bis zu welchem die Haupthandlung sich erstreckt. Es steht im Lateinischen, wenn das thatsächliche Eintreten der Handlung ausgedrückt wird, der Indikativ. Der Konjunktiv steht, wenn das Eintreten der Handlung des Nebensatzes als vom Subjekt des Hauptsatzes erwartet oder beabsichtigt dargestellt wird. Im Altfranzösischen werden diese Nebensätze eingeleitet durch enfressi que, dusque, de ci que, tres que, ci que, jusque, tant que, jusques tant que. Que kann von dem vorhergehenden tant getrennt werden; zuweilen fehlt es überhaupt. Nach diesen Konjunktionen finden sich, wie im Latein. beide Modi. Der Indikativ steht, wenn das Eintreten dessen, was der temporale Nebensatz aussagt, als wirklich hingestellt wird. Der Konjunktiv steht, wenn die determinierte Handlung beabsichtigt ist; wenn sie also irreal ist. Häufig konkurriert im Nebensatz der Zeit das Präsens Futuri mit dem

Konjunktiv Präsentis. Zuweilen kommen sogar beide Tempora neben einander gebraucht vor. Der Grund hierfür liegt darin, dass im Altfranzösischen nicht nur bei Ereignissen, die faktisch eingetreten, der Indikativ gebraucht wird, sondern auch bei solchen, die erst als erwartet hingestellt werden. Es wird dann das Futurum gebraucht, um anzudeuten, dass an dem Eintreten der Handlung in der Zukunft nicht gezweifelt wird. [cf. Haase, Konjunktiv bei Joinville. Schulprogramm Küstrin 1882.] Der weitaus grösste Teil der Temporalsätze, welche mit lateinischem donec entsprechenden Konjunktionen konstruiert sind, steht im Indikativ. Kaum der vierte Teil der aufgefundenen Beispiele zeigt den Konjunktiv. — Am meisten verwendet ist sowohl im Haupt- als Nebensatze das Perfektum I. Nach diesem am häufigsten gebraucht sind das Perfektum II und das Präsens. Im Konjunktivsatz folgt auf die Präsentien meistens das Präsens oder Perfektum II, auf die Präterita das Imperfektum oder Plusquamperfektum.

Im Neufranzösischen steht nach jusqu' à ce que der Subjonctif, wenn die Handlung des Nebensatzes beabsichtigt ist.

A. Indikativ.

a. Im Hauptsatz steht das Präsens.

α. Im Nebensatz das Präsens.

Deus Esp. 12337. Si deduisent et esbanoieut Tant ke lor preut talent d'esrer. ibid. 1803. 3295. 3447. 3544. 3711. 5582. 5903. 6946. 7262. 8863. 9886. 10473. 11071. 11853. 4244. 11026. 11851. — Dues N. II, 18179. Ne sejorne n'ainceis ne fine D'errer à coite d'esperon De ci qu'il vient au rei Othon. ibid. 1, 2019. 11, 6691. 10228. 11274. 11629. 13917. 14786. 80189. — Fier. 5667. Tant me querés Karlon que vous le me trovés. — Gui 941. Tant chevaucent ensamble que an tref le roi sont. 1692. — Horn 1608. Il chevalchent un val d'une selve ramée, Tant k'il vienent al port ù la flote este aencrée. — Jourd. 1270. — Lyon 8268. Tant le chace que il l'ataint. 5080. Ausi galope par les tais ... Tant qu'ele voit celui qui mainne Le lyeon. ibid. 2110. 2187. 2637. 8148. 3259. 3268. 4389. 4497. 4500. 4539. 5232. 5602. 5604. 6197. 6307. — Raoul 6998. Tant vait li hons la soie mort querant, Que il la trueve quant vient en aucun tans. 5893. — Ren. 445,15. Ensi va la semaine parmi la sablonnoie, Tant qu'il est hors du regne,

β. Im Nebensatze das Perfektum I.

Aiol 10675. Tant chevalcent ensamble Que de l'ost Grasien uirent les confanons. — Alisc. 3931. 5662. — Amis 61/2. Mont Chevrol puie tant qu'il vint en som, Tant que il vint a Borc ... — Auc. 16,7. — M. Brut 340. Quascuns des rois Silvi se nomme, Deci que Romulus fist Rome. 1860. — Deus Esp. 8842. Mais sor faisiaus ... De mousse et de menus rainsiaus Dorment tant ke

li iors fu biaus. ibid. 2619. 2681. 3199. 3873. 3987. 4858. 5171. 5892. 5899. 6589.
7888. 8041. 8693. 8799. 9465. 11700. — Ducs N. II, 28921. Mais od le sen que
Deus l'en donc Lor mostre e enseigne e sermone Qu'est creance, qu'est Deus,
qu'est leis, Tant qu' Olaive ... Le converti od duce amor. ibid. 2642. 3459.
5767. 22795. 25310. 14947. — Fier. 1869. 5885. — Floov. 2071. 2357. — Gar. I,
192,18. 178,13. 185,3 11, 134,12. — Horn. 4161. Katre turs unt jà fait, ke ne
funt arestée De ci ke vint al quint. — Jourd. 3508. Par la cite va la nouvelle
esrant Tant que ansoiz qu'il fust nonne sonnant, Sot l'empereres trestout le con-
venant De la pucelle au gent cors avenant. — Lyon 5000. et l'autre en va Et
vet, tant que ele trova La meison. ibid. 2802. 2815. 3082. 3837. 4654. 4931.
5389. 5343. 5863. 6654. 6707. 6710. — Raoul 6689. Tant i demeure qu'elle fit
sa gesine. 6407. — Ren. 397,19. Or chevauche li mes, ne fine ne ne cesse Des
qu'il vint à Rollant. 52,28. 57,26. 118,28. 442,5. — Voyage 704. Tot jorn se
deportent, jöent et esbanïent, Tresqne vint a la nuit. ibid. 93.

γ. Im Nebensatze das Perfektum II.

Alisc. 7545. Tant esperonne cascuns son bon destrier K'il l'ont ataint. —
Aiol 9837. — Deus Esp. 1676. Passe et les uilles et les pres, Tant k'en la
forest est entres. ibid. 661. 1207. 1860. 4249. 5386. 7707. 10009. 10524. 11075.
11276. — Ducs N. 11, 33578. Où n'a espairne ne merci De ci que l'un l'autre
a conquis. ibid. 8664. 10203. 16794. 22130. 22165. 37793. — Fier. 6187. —
Floov- 820. — Gui 188. — Horn 201. Puis s'en vunt vers la curt par la veie
charal, Tant k'il sunt descenduz à la sale real. — Jourd. 2734. — Lyon 6487.
Li rois einsi la chose mainne, Tant que de sa terre est saisie La pucele. ibid.
1779. 3796. — Ren. 8,27. 74,15. — Ron II, 2985. Tant destreint le Normant
qu'il a le rei rendu.

δ. Im Nebensatze das Plusquamperfektum.

Aiol. 5319. Et Aiols ... ua porsiuant apres Tant que trespasse orent le
pui de Montinel. — Amis 2461. Toutejor vont tant qu'il fu avespre. — Auc.
16,5. Ele s'estraint en son mantel en l'onbre del piler, tant que cil furent passé
outre. — Ducs N. 11, 5933. Adunc ne cessent ne ne finent De ci qu'il les orent
trovez. 40478. — Floov. 55/6. — Horn 2006. Sun espié lest ileoc, dès k'il fud
revenuz. — Jourd. 2528. Ici Jordains sejorne en la contree Tant que de l'an
s'en fu partie alee. Lyon 3011. Derriers I grant chasne s'areste, Tant que
cil ot dormi assez. — Ron 111, 1342. La cite ad defors assise, N'en volt turner
tresque il l'ont prise.

ε. Im Nebensatze ein futurales Tempus.

Aiol 10316. Encor ne set il mie que tant les doit amer, Jusque tant que
le bries li sera demostres. 3348. 5651. — Alisc. 1967. Tant va Guib. Guillaume
depriant k'en France ira. — Amis 1475. — Deus Esp 6313. Si n'a talent ke
il se muene Dusques adont ke il uera Home u feme. — Ren. 363,29. Sejorner
vos covint avec moi en cest gau, Tant que serez garie du mal qui vos assaut. —
Gorm 367. Tant par me tenc pur engignie Que n'i justerai hui premier Tut cors
a cors a l'aversier. — Rol. 3849. Tait cels guarder, tresqu'en serat li plaiz.

In einigen Fällen, wo das Verb des Temporalsatzes in der
dritten Person Plur. des Präsens steht, ist es zweifelhaft, ob wir

es mit dem Indikativ oder Konjunktiv zu thun haben; so z. B. Aiol 10211: Se il peuent tant uiure qu'il portent garniment, Dont il poront mander XX m homes et cent.

b. Im Hauptsatze steht das Imperfektum.

α. Im Nebensatze das Imperfektum.

Ducs N. II, 13782. A la chose qu'il entendeit Meteit entention e cure Tant qu'il la saveit à dreiture. 1359.

β. Im Nebensatze das Perfektum I.

Ducs N. II, 34994. N'esteit mais leus de plus targer, Tant qu'il li firent ottroier. 43818. 26514. 29475. 30439. 35820. — Horn 4892. Issi fere soleit, deske vint à un jur ... — Rou 111, 2812. Tute ert Bretaigne en grant tirpeil, Tant ke Alain prist en conseil Que a sun cusin s'acordereit.

γ. Im Nebensatze das Perfektum II.

Deus Esp. 4096. ... Ki mon seignor G. siuoit Tant k'il l'a ateint. 9784. — Ducs N. II, 10135. Mais li reis ne s'ubliout mie De querre-li force o aïe, Tant que li dux a pris Tigier.

δ. Im Nebensatze ein Plusquamperfektum.

Ducs N. II, 35749. Qui as assauz se defendeient E vassaument so conteneient, Tant que par grant engin fu pris. 36090.

ε. Im Nebensatze das Imperfektum Futuri.

Raoul 1084. Et il me dist bien le devoit laissier, Tant qe venroit desq'as lances brisier.

c. Im Hauptsatze steht das Perfektum I.

α. Im Nebensatze der Zeit das Präsens.

Alex. 100 a. Tant i plorerent e li pedre e la medre E la pulcele que toit s'en alasserent. — Alisc. 5192. Ainc ne fina de cachier Dusqe l'ateint devant le tref Gohier. — Deus Esp. 4194. Si cheaauchirent sans arrest Tant k'il issent de la forest. 907. 7564. — Ducs N. II, 28719. Assez orent travail e paine E grant dolor e grant esmai, Tant que ce lis e tant en sai Que chacié furent en Bretaigne. 12895. — Fier. 5893. La cuve enplirent d'aigue tant c'asés en i a. — Gar. 182,3. Tant le cercha qu'il le trueve à Naisil. — Raoul 5902. Ainc ne finerent tant qe a l'agait sont. — Ren. 367,4. Tant tindrent lor journée qu'il sont a Montresvel. — Rol 2689. Tant chevalchierent qu'en Sarraguce sunt. ibid. 405. 1829. 2842. 3697.

β. Im Nebensatze das Imperfektum.

Deus Esp. 3968. -- Ren. 361,22. Renans i fist foïr tant que lo treu trovoit.

γ. Im Nebensatze das Perfektum I.

Aiol 5079. Onques n'i prist li ber ne noie ne cemin Enfressi que il uint sous les arbres foillis. ibid. 1883. 5213. 9305. — Alisc. 5338. Ainc ne fina tant k'il vint à leur nés. ibid. 7737. 8278. — Amis 382. Et Gonbaus fist ses homes assambler, Ses bries fist faire et par sa terre aler, Tant qu'il ot bien quatre mille

4*

d'armez. ibid. 516. 1094. 1597. — Auc. 28,8. Une tormente leva qui les mena
... tant qu'il ariverent en une tere estragne. ibid. 10,89. 11,26. 12,32. 16,9.
16,26. 18.2. 19,6. 20,30. 24,70. 24,85. 28,17. 28,24. 30,16. 34,10. 36,8. 38,21,23.
40,8. 40,30. — M. Brnt 590. Mais Troïen ninc nc finereut, Desqu'a bien pruef
les Grius tuerent. — Chron. 132. Tant la destreinst li reis qne sun dreit recunut.
309. — Comp. 1921. E cest ordenement Menerent lungement; Desque la que
uns dus Puis la mort Romulus Ont Rume en baillie. 1282. — Deus Esp. 11710.
Ses connoin tant ke midis Passa li iors. ibid. 466. 936. 2409. 4033. 4037.
4697. 5275. 5361. 5808. 6875. 9920. — Ducs N. II, 42190. Si tint Treies,
Chartres e Bleis, De ci qu'il fu blans cum neifs. ibid. I, 408. 755. II, 1671.
3012. 5244. 6075. 6956. 8481. 14789. 18675. 22168. 28108. 27674. 29613.
30366. 34959/60. 37046. 39638. 40229. 41805/6. u. a. — Fier. 6150. — Gui
1608. — Gar. II. 134,15. Nés porschascia, tant qu'il en ot set vint. ibid.
1, 23,6. 74,11. 178,8. 208,3. 209,10. 227,7. 11, 62,15. 105,4. 119,15. 129,7. 170,5.
185,7. 201,19. 206,15. 225,19. 244,12. — Horn 3402. ne fist arestement Tresk'il
vint a brael. ibid. 741. 2174. 5007. 5247. — Jourd. 2600. Tant le servi de mes
armes porter Que j'oi sa fille a moillier et a per. ibid. 808. 2600. 2610 — Leod.
82 b. u. 87 b. Evoruins . . . credre nel pot antro que l vid. — Lyon 6328.
Mon compaignon ne reconui, Tant que il, ... mon non enquist. ibid. 186. 817.
766. 1518. seq., 2541. 2704. 2998. 3186. 3482. 8916. 4717. 4828. 4851. 4920. 5100.
5834. 6521. u. a. — Par. 1367. Tant la covint gesir qu'à messe dut aler. ibid.
965. 2982. — Raoul 3560. Tant te norris q'armes pëus porter. 1115. 8328. 8355.
— Ren. 366,23. Ilueques sejornerent une semaine à joie, Tant c'uns messages
vint dedens la cort si coie. ibid. 37,36. 124,11. 134,10. 152,13. 364,18. 403,15.
447,13. u. a. — Rol. 402. Tant chevalchierent que l'uns à l'altre la sue feid
plevid. ibid. 2818. — Rou I¹, 82. Unkes n'i orent paiz tresque il les sumistrent.
9248. Ne onques pois n'en pout issir, Des ci que li reis dut morir. ibid. 1, 432.
11, 156. 301. 899. 948. 1242. 1345. 1791. 2447. 2713. 3849. 4015. 4172. 111, 365.
2033. 2105. 2444. 2704. 4050. 4864. 5683. 9558. 9910. 10223. 11470. u. a. — St.
Alex. 121 c. Ensemble furent jusqu'a Deu s'en ralerent. 6 a.

δ. Im Nebensatze das Perfektum II.

Aiol 7094. Tant quist ses compaignons que il les a troues. — Ducs N. I,
1875. Icel orage e cel tempes Lur dura tant que port unt pris En Engleterre.
ibid. 11, 16353. 25802. 27418. 35491. — Gar. II, 280,6. Et li troi chien en
lapèrent assés, Tant que il sunt de lor soif respassés. ibid. 1, 52,2. 120,11. 11,
266,7. — Jourd. 2911. Tant l'en proia la roine gentiz, Qu'il a Renier le che-
valier de pris Et tous ses homes fors de la prison mis ... — Par. 2507. — Ren.
168,30. Tant prierent le roi qu'il a I poi sopé. — Rou III, 11411/2. Tant ala
li reis guerreiant, Chastels e viles porpernant ... Qu'il a Tenechobrai assis E
enuiron le siege mis. ibid. 4389.

ε. Im Nebensatze ein Plusquamperfektum.

Alex. 7 d. Tant aprist letres que bien en fut guarniz. — Amis 37. Puis
ne virent devant XV ans passez Tant que il furent de nouvel adoube. — M.
Brut 1292. Antenor les conduist de Troie, Tresqu'il perdue i ont sa joie. 1414.
— Deus Esp. 8695. — Ducs N. II, 7624. N'en cissi tresqu'il fu finez E de cest

siecle trespassez. ibid. ll, 18989. 17187. 20008. 25959. 27126. 34963. 36422. 40489. 41299. 42545. 41587. — **Fier.** 3059. Tant atendi li leres miennis fu passée. — **Gui** 4232. — **Gar.** ll, 197,6. N'en sorent mot, tant qu'il furent sorprins. — **Horn** 8924. Jà ne finerent mès trek'erent arivez. ibid. 111. 5078. — **Lyon** 4693/4. Jorz i sejorna, ne sai quanz, Tant que il et ses lyons furent Gari et que raler s'an durent. ibid. 469. 2676. seq. — **Par.** 695. Tant i fu li cuverz que il fu enbrasez. — **Raoul** 28. Puis vesqui tant qu'il ot le poil flori. 8343. — **Ren.** 90,24. Desi qu'il l'orent mort, ne le volrent laisier. ibid. 129,6. 306,86. — **Rou III,** 2177. Robert ... Les fist par sa terre passer E quitement partut aler Tant que France orent trespassee. ibid. ll, 1486. 2391. 2393. lll, 4633. 10251.

d. Im Hauptsatze steht das Perfektum II.

α. Im temporalen Nebensatze das Präsens.

Aiol 2095. Tant auons quis l'ostel que nous l'auons. 8337. — **Alisc.** 2285/6. Tant a erré sor l'auferrant destrier Un diemence, à eure de mangier, Si com la gent reuvient du mostier, Entre en Laon Guill. au vis fier. — **Deus Esp.** 7845. Et se sont pris au chenauchier Tant k'en sa forest cascuns est. ibid. 2370. 6105. — **Ducs.** N. J, 2035. E cil unt tant od lui parlé E tant li unt dit e mustré ... Que ... Lur ottrie la paiz à faire. ll, 2489. 2637. 27776. — **Gar.** I, 68,13. — **Gui** 2227. Tant a mené Guion qu'il l'asiet an disner. — **Gorm.** 521. Loevis ses genz ad justez Tant que dis milliers sunt d'armes. — **Jourd.** 3645. Tant a Reniers envers le roi conquis Et tant i a biau parle et premis, Li rois otroie quan qu'il li a requis. 3611. — Lyon 4953. Et si i a tant demore, Qu' asez i puet avoir ore. ibid. 4856. 5983. — Raoul 8238. — **Ren.** 53,5. Tant ont par le païs et venu et alé Qu'il entrent ... ibid. 44,10.

β. Im Nebensatze das Perfektum II.

Aiol 4292. Par deioste M. s'est arestes Tant que Loeys fist le cors soner. 4359. 5151. 6112. 8178. 8202. 8223. 8331. — **Alisc.** 8275. — **Amis** 78. 3481. — **Chron.** 160. Tant ont le rei de France e preie e serui, Qu'il vint en sa bosuigne e maint colp i feri. — **Deus Esp** 1176. Tant s'est traueillie et pene ... K'ele uit par l iour uenir Un moigne blanc. ibid. 320. 4687. 4930. 6029. 7505. — **Ducs** N. I', 572. Eisi unt la nuit trespassée Tresque fu granz la matinée ... ibid. l, 1290. 1515. ll, 5508. 11816. 14210. 15210. 18303. 26268. 28808. 29398. 29977. 34747. 35963. 38848. 40169. u. a. — **Fier.** 4288. Et tant a quis Galafre qu'il pot à lui parler. 827. 5896. — **Gar.** II, 183,12. Tant l'a hurté que li portiers ouvrit. — **Gui** 2065. Après ont IIII jors là dedens sejorné, Jusque Jhesu le vout qu'il en furent gités. — **Horn** 4904. La feste ad este grant tute jor ajurnée Deske failli le jor, s'est la nuit annitée. ibid. 2018. 5077. — **Jourd.** 256. 1401. 3001. 4166. 4225. — **Lyon** 1665. An ce panser a atendu Jusque tant, que ele revint. 2477. 8764. 4867. — **Par.** 1898. 2962. — **Raoul** 6065. 6296. 6705. 7498. — **Ren.** 53,15. Ains a mandé ses os d'environ et d'en lé, Tant qu'il les aüna à Paris. ibid. 5,87. 40,3. 105,24. 121,2. 222,34. 363,47. 375,37. 377,11. 404,34. 445,19. — **Rou III,** 193. E de Guilleame Lunge Espee Auum l'estoire auant menee, Tant que Flameng cume felun Le tuerent par traisun. ibid. ll, 537. 605. 1039. 2143. 3165. 3706. 4329. lll, 1019. 1026. 1267. 3556. 4016. 6986. 7019. 9640. 9914. 10475.

γ. Im Nebensatze das Perfektum II.

Aiol 2581. 7058. 8320. 9780. — Alisc. 3978. Tant ont erré ... Des vaus d'Orenge ont coisi la fumée. — M. Brut 1246. 1121. 8067. — Deus Esp. 6047. Tant a de ior en ior esre Que li roi Artu a trouue. 725. 5181. 10280. 10811. — Ducs N. I, 27987. Tant unt Tamise amunt poiée Que il unt Londres asségée. 1, 1750. 11, 85. 2384. 8922. 6488. 11367. 14416. 16180. 17954. 18703. 18876. 21886. 23809. 25215. 27987. — Fier. 2141. Tant a li cambrelens et la dame tiré K'Olivier en ont trait par vive poesté. ibid. 28. 1984. 5174. — Floov. 2868. — Gui 8225. — Horn 423. Tant unt esté nurrit li enfant de palage K'il sunt créud grant ... ibid. 758. 4790. — Jourd. 8428. Tant a a l'oste enquis et demante, Que il li a et dit et devise, Por quoi li rois faïsoit tel cruante. 8149. 4120. — Lyon 3419. I petit s'est mis en la trace, Tant qu'a son seignor a mostre Que ... ibid. 1247. 8099. 4245. 5054. — Par. 1026. 1841. 2086. — Raoul 6175. Agaitié l'ai tant qe l'ai desconfit. ibid. 6563. 6780. — Ren. 51,21. Et tant i out joé que puis se sunt irié. 21,31. 27,18. 40,28. 86,23. 105,19. 352,13. 423,15. — Rou III, 8860. Amont la riuiere est alez Tant qu'il est as Franceis iostez. ibid. 11, 60. 898. 1402. 1539. 1842. 2181. 8016. 3129. 8702. 8844. 4267. 111, 1164. 1466. 1824. 2072. 8849. 3648. 5696. 6667. 8880.

δ. Im Nebensatze ein Plusquamperfektum.

Ducs N. 11, 19982. Ne s'en sunt mie retorné De ci que li chans fu vencuz Des vilains i out mult perduz. ibid. 7493. 8616. 9577. 12388. 16827. 18088. 28796. — Fier. 6028. Karles i a I mois et I jour sejourné, Tant qu'il ot le païs auques asséuré. — Gar. 11, 228,15. — Horn 4082. — Jourd. 8147. A plainne voile chascun jor a jornee, Tant que bien fu la quinzainne passee. ibid. 3839. 8670. — Lyon 8466. Einz l'a tot ades regarde, Tant qu'il ot de son gras larde Tant mangie, que ... — Ren. 319,26. Cele nuit ont veillié tant qu'il fu ajorné. 329,8. - - Rou II, 4120. Tant qu'il furent gari les a tuz cunreez. 3488.

e. Im Hauptsatze steht das Plusquamperfektum I.

Im Nebensatze findet sich das Imperfektum, Perfektum I und II, Plusquamperfektum und Futurum.

Ducs N. II, 34322. Tant aveit fait e porchacié E tant parlé e engignie Qu' Alençon ert en sa baillie. ibid. 31868. — M. Brut 77. En avoient estei seinur De ci que deus par sa poisance, De lur orgueil prist la vengance. — Ducs N. II, 37613. Tant aveit lor mautez durée Qu'or est fenie e trespassée. 1, 1868. 11, 81872. — Rou III, 1205/6. Tant i aueient demure E tant i aueient este, Que mult erent multiplie E mult esteient esforcie. — Ren. 14,20. Chascuns à son costé avoit çainte l'espee, Tant k'orront del mesage la verité provée.

f. Im Hauptsatze steht das Plusquamperfektum II.

α. Im Nebensatze das Imperfektum.

Ducs N. II, 34290. Od siége, od ost grant e plenier Out sis à Tors un meis entier, Tant que li quens Tiebaut de Bleis ... L'alout den siege departir.

β. Im Nebensatze das Perfektum I.

Ducs N. II, 33627. Tot de rechef fu trebuchez E defolez e esquachiez De uil chevaus par sus le cors, De ci que l'alme en issi fors. I, 655. 34259. 41777. — **Lyon 5002.** La meison, ou mes sire Yvains Ot este, tant que toz fu sains. — **Raoul 7058.** — **Ren.** 86,10. Tant orent as chars nues les blans haubers portés, Que il furent plus noirs ke ... — **Rou II**, 1151. Tant fu li plaiz menez que la chose fina.

γ. Im Nebensatze das Perfektum II.

Deus Esp. 7776. Que ainc n'i ot seior tenu Tant c'a Carales sont venu. — **Ducs N. II,** 7351. Adunc fu longement batue Tant que la chose a conue E descovert.

δ. Im Nebensatze das Plusquamperfektum.

M. Brut 4086. Nuri furent li dui enfant Tant que croii furent et grant. — **Ducs N. II,** 24482. Tant orent cist content duré Que jà esteit midi passé. 25293. 30844. — **Lyon 3148.** Et mes sire Y. fiert el tas, Qui tant ot este sejornez, Qu' au sa force fu retornez. 448. — **Rou III,** 11309. Tant fu la parole mence, ... Qu'ele fu issi finee. II, 1269. III, 4542.

ε. Im Nebensatze steht das Futurum.

Ducs N. II, 29127. Ce ne vout li dux por nul plait Qu' adesez fust ne empeiriez Murz ne maumis ne mahaigniez De ci qu'a lui s'orra por quei Tel estoutie euprinst en sei.

g. Im Hauptsatze steht ein Futurum.

α. Im Nebensatze das Präsens.

Aiol 5521. Tant lor dirai paroles mencoinges et uertes, Que bien poes garir. — **Alisc.** 1124. Ne mangerai ne nen aurai béu, Très ke je t'ai ou mort ou recréu. — **M. Brut 3704.** Altres premiers i voldrai metre, Tant cum j'en puis savoir par letre, Ki roi furent de Lumbardie. — **Horn 3173.** Or n'ert mais li plais par peis entre eus finez, Entre ci ke l'un d'els remeint afolez.

β. Im Nebensatze ein Futurum I oder II.

Aiol 9608. Mais uous nes ares in à nul ior ... Trosque m'ares mostre uo dieu et uostre image. ibid. 1411. 2371. 3584. 4556. 5226. 5821. 5941. 5963. 7615. 9071. 9186. 9394. 10225. — **Alisc.** 1631. N'i aura porte ne guicet desfermés, Desque G. ert arire tornés. ibid. 1589. 1908. 7557. 7622. — **Amis 2287.** et menace, Qu'encontre terre et a poins et a paumes La batra tant que i parront les traces. ibid. 1393. — **M. Brut 1076.** Vostre ostages en remandrai, Tros qu'acumplit le vos arai. 1626. — **Ducs N. II,** 35834. Fu si iriez Henris li reis Que j'à n'aura mais esjoiance De ci qu'en aura pris venjance. 13395. 38760. — **Fier.** 3209. Sire, vous remanres Por garder ceste porte tant qu'estrons retorné. 139. 2490. — **Floov.** 1924. Li amirans jure Que ne l'airai François en ces secle viant, De ci que les aurai morz et voicuz en chanp. — **Gar. II,** 202,6. N'en tornerai tant que je l'arai prins. I, 205,11. — **Gui 3389.** Nous les assaudrons ja par force et par estri Tant que tous les aurons detranchiés et ocis. — **Horn 4511.** Jà n'en turnera mais, ... Tresque prise l'avera e qu'il l'eit en baillie

3990. — Jourd. 8076. N'auront ja mais repos en lor ae Tant qu'en sauront la
droite verite. — Lyon 3707. Ja mes nul jor a sejor n'iert, Jusque tant, qu'il
l'avra trovee. 696. 718. 4982. 5118. 6635. — Raoul 7150. Ne monterai sur mul
ne sor destrier, Tant que savrai se ... 945. 2433. 2787. — Ren. 342,11. Or
assauronz ... Tant ke il seront pris. 25,22/3. 57,12. 109,14. 138,31. 183,22.
234,21. 323,5. — Rou II, 2164. Puis querra tant Ernulf que il le truuera. 6882.
sis tendrai, Se io pois, tant que dreit aurai. 111, 3720. — Voyage 57. Ja n'en
prendrai mais fin tresque l'avrai veüt. 75. 286. 770.

Ein Perfektum II im Temporalsatz nach Futurum II im Haupt-
satze steht Ducs N. II, 19445: Tant li aura sa fei mentie Reis
Loewis, senz lei tenir, Que Deus l'en a laissié honir.

h. Im Hauptsatze steht das Imperfektum Futuri.

Der temporale Nebensatz enthält ein Präsens oder ein Präteritum
der idealen Handlung.

Aiol 7040. Mais je ne li diroie a home desosiel Tant que uenrai al roi ...
— Auc. 11,50. que vos me lairies Nicolete tant veïr que j'aroie parlé à li II
paroles ou trois, et que je l'aroie une fois baisie. — Raoul 1785. Je nel feroie,
por tot l'or d'Aquilance Dusqu li sans dont ci voi la senblance, Remontera en
mon chief sans doutance. — Ren. 298,17. Certes, je nel feroie por XIIII cités,
Tant que j'aurai Maugis ocis et afolé. — Rou III, 8207 Priueement ont conseillie
Que des Engleis s'esloingnereient E de fuir semblant fereient Tant que Engleis
les parsiureient E par les chans s'espartireient.

B. Der Konjunktiv.

a. Im Hauptsatze steht das Präsens.

α. Im temporalen Nebensatze das Präsens.

Aiol 10194. Se il peuent tant uiure, qu'il puissent porter armes, Jou lor
ferai porter beles et conuenables. ibid. 9357. — Alisc. 2358. Si gardés bien
chaens ne l'amenés Dusque je sace de quel terre il est nés. — Amis 1172. Se je
vif tant que veingne l'ajornee, Gel conterai mes couzins ... 1752. 1754. 2019.
— M. Brut 820. Ne faites noise ne derroi, Trosque jo soie al treif lo roi. 817.
1238. — Comp. 3499. Se tis numbres creist tant Qu'il uienget a quarante. 8018.
— Deus Esp. 1828. Amie, atendes tant qu'il uiegne Gauains. 1488. 4595. 7501.
10065. 10611. — Ducs N. 11, 40278. Sa duchée ... Li laissera, tot ait e prenge,
Des qu'il repairt e qu'il reuienge. 11, 993. 3713. 8746. 4921. 11610. 15007.
16575. 20205. 20225. 22852. — Floov. 1962. Si que n'en saichent ja i Sarazins
et Persanz De ci que desor auz soïmen nos feranz. — Gar. 1, 54,1. Demandez
li, ... un respit Tant que ivers passe et viegne li avrils. 1, 215,1. 11, 128,16.
— Gui 2233. Ja Damedieu ne place ... Que je après cestui doie dantee avaler
Tant que mi compaignon en aient à planté. — Horn 3935. Treke joe vienge à
vous, ne vus morezun piez. 1162. 1197. 2488. 2739. — Jourd. 757/8. Gardez le
bien si ferez loiautez, Tant que il puisse et venir et aler Deci qu'atant qu'armes
puisse porter. 299. — Lyon 4582. Dame, ce n'iert hui, Que je me remaingne
an cest point Tant que ma dame me pardoint Son mautalant. 1334. 3804. 6598.

— Par. 2578. Clarembaus si vos mande Que tant li donez trives que à vos viegne parler. 1795. — Raoul 126. pense del bien garder Tant que il puist ces garnemens porter. 4814. — Ren. 257,21. Donc me dones respit XV jors u I mois Tant ke l' sache Aallars et Renaus li cortois. 78,10. 141,8. 215,7. 802,12. 116,4,88. — Rol. 1838. E preient Dieu que guarisset Rollant Jusque il viengent el champ comunement. 2489. 3588. — Rou II, 4356. de par Tiebalt te pri Que tu li duignes trieues iusqu'a tant qu'il viegne a tel ci. ibid. II, 2795. III, 3322. 5468.

β. Im Nebensatze das Perfektum II.

Aiol 192. Celes nostre corage tout a estrous Tant c'aies fait bataille. 204. 2750. 3457/8. 4063. 4217. 4329. 5526. 9503. — Alex. 58 b. Nel reconoissent usque il s'en seit alez. — Amis 711. Mais so vif tant, que il soit ajorne, Lors l'irai je l'empereor conter. — Alisc. 2372. cest ceval me tenés Tant ke jo aie à Loéi parlé. 1500. 1508. 5480. 7304. — Deus Esp. 3986. 9945. — Ducs N. II, 40289. Si ne s'eu voudra riens n'aquite De ci que il seit revenuz. 2523. 6633. 8602. 14401. 16995. 17559. seq. 28516. 30704. — Fier. 5248. Baille nous cele cose par la toie bonté, Tant qu'i aions nos ex et no bouce adesé. ibid. 1801. 3140. 3578. 175. — Gar. II, 55,9. Atendez un petit Tant que soions de Bernart reverti, — Indikativ Futuri und Konjunktiv sind nebeneinander gebraucht in Gar. II, 193,1—8. Atendez tant que je soie garis, Que je pourai mes garnemens sofrir, Et que je puisse cheuauchier fervestis. ibid. I, 6,2. 62,2. II. 51,10. 152,9. — Horn 2674. Ore atende itant ke seit eincèis vénz Cum me sera el col en bosuig mis escuz. — Lyon 1309. Gardez, ne vos movez por rien, Tant que cist dels soit abeissiez. 4463. 6086. — Par. 2741. ice laissiez ester Jusque j'aie à mon pere et ma mere acordé. ibid. 758. — Raoul 5831. I respit me donnez Tant qe j'en aie a ma dame parlé. 1697. 3200. 3206. 3223. 3622. 5335. — Ren. 115,38. Car me querres Yon, tant k'il seit trovés. 83,2. 104,9. 151,29. 287,24. — Rou II, 983. tres qu'al iur n'atendum, Tant qu'il seit aiurne, ia n'en eschaperum. 2364. — Jourd. 1621. Qui ... Ne ne menjue a nul jor voirement, Tant qu'il ait mort un home.

γ. Im Nebensatze das Plusquamperfektum.

Alisc. 7229. Aiue moi, par Dieu de majesté, Tant c'on m'éust en fons rengeneré. — Deus Esp. 8881. Et tant atendre me poies Que ie fusse uenus arriere. 7096. — Ducs N. II, 25821. Secorez mei, qu'or est mestier, Tant que rentrez fusse el mostier.

b. Im Hauptsatze steht das Imperfektum.

Das Präsens im temporalen Nebensatze steht:

Raoul 524. Ne poïst ele faire ne giu ne ris Tant quele saiche qe fait li siens amis.

Im Nebensatze das Imperfektum.

Auc. 14,8. ne quidiés mie que j'atendisse tant que je trovasse coutel. — M. Brut 3440. Sa terre mist tot en sa main Et dona l'en la poestei Par tot fesist sa volentei Cume la sue la tenist Tant que Bretaine li rendist. — Ducs N. II, 35360. As bois se teneient toz tens, Desqu' il veissent leu et tens. 8858. 13849. 35898. 36828. 40723. — Gui 1648. Se damediex le voloit créanter Que peuissuns passage ... encontrer Tant que peuissons estre en la bone cité ... — Lyon 5882. De ces plaies vos deisse, Tant qu'a un fin an venisse, Se l'estoire bien vos pleust. 3043. — Rou lll, 6212. E se tant aidier li uoleit, Que par s'aic eust son dreit, Engleterre de lui prendreit. 11, 1748. lll, 5471.

Im Nebensatze das Plusquamperfektum.

Deus Esp. 10172. Car mes gens ... Me dissent que ie m'en teusse Tant ke tout aferme ausse. 2962. 6888. — Ducs N. 11, 8492. Dunt il eussent à mangier Tant que cele (Bretaigne) fust herbergée ... — Fier. 1535. Mais je lor deffendi nus ne fust si osés Que il ne se méussent ... Jusques tant que je fuisse de bataille tornés. — Lyon 4578. Li pria molt, qu'il li pleust A se jorner, tant qu'il eust Respasse son lyon et lui.

c. Im Hauptsatze steht das Perfektum I.

α. Im Nebensatze das Imperfektum.

Ducs N, 11, 30593. Qnens Baudoins l'en fist porter E bien norrir ... E tant que tous fust sis eez, Que ... ibid. 24627. 39933/4. — Jourd. 1812. Je ne menjai, bien a set ans entiers, Tant que j'eusce de sis homes les chics. — Rou lll, 3011. Tant dut atendre c atendi Que fors fussent tuit li errant. 3540/1.

β. Im Nebensatze das Perfektum II.

Floov. 2168. ne le conuit néant Dusqu'elle soit destainte de la norte qu'ot grant.

γ. Im Nebensatze das Plusquamperfektum.

Ducs N. 11. 24631. Ne s'en vout ainz pas desgarnier Ne de sei faire departir De ci que la peis fust finée. 37817. — Jourd. 1320. Tant m'efforsai qu'a cel chier fust me prins. — Raoul 5159. Tant quidai vivre, ja mar le mesqerrez, Que vos fuissiés a Gautier acordez.

d. Im Hauptsatze steht das Perfektum II.

α. Im Nebensatze das Präsens.

Horn 351. Chascun ad fet le suen k'il seient honurant Deske là k'il pusent armes estre portant.

β. Im Nebensatze das Imperfektum.

Alol 6144. Tant que demie liewe alast uns hom a pie, Sempre s'est endormis li gentiex cheualiers. — Fier. 6115.

γ. Im Nebensatze das Perfektum II.

Alol 1799. Mais ne plache a Jesu ... Que ia aie ie feme dont soie maries, Tant qu'aie par mes armes autre honor conqueste. 5164. — Alisc. 5256. Sainte Marie ... tenes l'estor k'il ne soit departis Tant com je aie Sarasins asentis A mon tinel. — Ducs N. 11, 24406. Gardez n'en seit chose retraite De ci que nostre paiz seit faite. — Gar. 11, 263,16. Ne plaise Dieu ... Qu'il en soit fait acordance né fin Tant qu'il en soit détrenchiés et ocies. — Horn 4470. Horn lur ad commandé ke nul ne scit méuz De ci que sun demeine corn lur seit bien tonéuz.

δ. Im Nebensatze das Plusquamperfektum.

Deus Esp. 8650. et ce k'il pot Les a de remanoir priies Tant ke lor fust aparcillies Li mengiers por desieuner. — Jourd. 3121. A moi voz a laissie et commandce Jordains vos peres ... Tant qu'il eust la terre conquestee, Dont sa lignie a tort fu desertee.

e. **Im Hauptsatze steht das Plusquamperfektum.**

α. Im Nebensatze der Zeit das Imperfektum.

Rou III, 10030. Al rei eusse tant fait guerre, Que decha la mer d'Engleterre Plein pie de terre nen eust.

β. Im Nebensatze das Plusquamperfektum.

Fier. 683. Ja puis ne li léust que il fust relevés, Desqu'il fust contre tere mourdris et estranles. — **Horn 2163.** Pur ço turnat sun nun ... K'il ne fust conéud en estrange regnet Desk'il éust fet dunt déust estre preiset. — **Lyon 2892.** Si l'avoit ele tant veu, Que tost l'eust reconeu.

f. **Im Hauptsatze steht das Futurum.**

α. Im Temporalsatz das Präsens.

Aiol 2053. Mais seruir uous fera grant amor Dessi que dex uous doinst serjant millor. **432. 8764.** — **Alisc. 1657.** Ne ferai porte ne guichet desfermer. Deske je voie vostre cief desarmer. — **Deus Esp. 5067.** cheualier Ne soufferai mais o touchier A ma bouche iusques ie uoie Celui dont tel dolor auoie. **5335/6. 6243.** — **Ducs N. 11, 38820.** Jà n'aura mais pais à sa vie De ci que sa terre ait en pais. **7078. 13888. 14097. 15406. 21308. 28467. 28628. 29959. 33440.** — **Gar. II, 78,3.** Ne fineront, ... Tant que il vengnent au chastel de Belin. **11, 165,7.** — **Horn 3670.** Jà ne prendrai muillier od mun dreit escient Tnut ke sache si vers mei s'a tenu leaument. **2154.** — **Jourd. 2547.** Ja mais en ville n'enterrai n'en contree, Plus d'une nuit ne ferai reposee Tant que je saiche com la chose est alee. **2577.** — **In Jourd. 776/7.** Gel ferai bien conraer et garnir Tant que il puist desor cheval seir Et qu'il porra ses garnemens souffrir stehen zwei Temporalsätze neben einander und zwar zeigt der eine den Konjunktiv Präsentis, der andere den Indikativ Futuri. — **Lyon 5497.** Qua ma fille n'iert menee, Tant que morz ou conquis les voie. **771.** — **Raoul 4174.** Ja de Gautier ne prendrai raençons Tant que li mete le fer par les roignons. **335. 1751.** — **Rol. 2663.** Ne finerai en trestut mun vivant, Jusqu'il seit morz o tut vifs recreant. — **Rou II, 2556.** Issi vus estuura, tant que lieus seit, atendre. **3570.**

β. Im Temporalsatze das Perfektum II.

Aiol 3399. Mais i sera touchies ne abatus Enfressi que iou aie parle a lui. **4150.** — **Alisc. 6852.** Ne mangerai ne de pain ne de blé Dusque jes aie par mon cors amaté. — **Auc. 8,36.** Je prendrai les armes par tex couens que ... vos me laires Nicolete ... tant veir, que j'aie II paroles u trois o li parlees et que je l'aie une seule fois baisie. — **Deus Esp. 7829.** Ne gerai mais s'en tentes non, Tant i'aïe fait mon povir. — **Ducs N. II, 24467.** N'ainz ne remaindra l'ovre mais de ci que tuit e home e femme Saient charé. **1786. 2487. 15750. 17763/4. 37820.** — **Fier. 5102.** Signeur, qui remanra en ceste fremete, Por garder cest passage tant que soient torné? — **Gar. II, 91,3.** Jà n'en arai vaillant un parisis, Tant que il soit respassés et garis. **1, 30,23. 11, 142,11.** — **Gui 3088.** je n'irai pas tant que je l'aie prise. **2075.** — **Horn 671.** Ainz amenrai Haderof, tant k'aie espruvet Quel semblant ele li frad de muscriet amistet. — **Jourd. 558.** En ceste chartre plus soef noz en iert, Toute la nuit tant qu'il soit esclairie. — **Par, 2255.** N'an partiront jamais ... Tant qu'il aient la vile trestote cravanté. — **Raoul**

1621. Jà n'avront pais ... Tant que il soient outre la mer faï. — Ren. 25,16.
M'aideres vos, baron, ... Tant que soie vengiés del traïtor prové? — Voyage
464. Le brant ferrai en terre ..., nen iert mais receüz par nul home charnel,
Tresqu'il seit pleine hanste de terre desterrez.

g. Im Hauptsatze steht das Imperfektum Futuri.

α. Im Temporalsatze das Präsens.

Raoul 4673. N'en partiroie por les menbres tolir Tant qe te face celé
teste jalir.

β. Im Temporalsatze das Imperfektum.

Deus Esp. 38278. Conoist, tant n'i saureit entendre Que jà le chastel peust
pendre. 7089. 11089. — Lyon 4617. je nel feroie, Tant que certenement seusse,
Que le boen cuer ma dame eusse.

γ. Im Temporalsatze das Perfektum II.

Raoul 8967. Par cel apostre ... N'en partiroie por la cit d'Avalon, Tant
que li aie mostré mon confanon.

δ. Im Temporalsatze das Plusquamperfektum.

Aiol 7606. Quis poroit I petit eslongier de lor gent Tant que cil fuisent
mort et liure a torment, Ja puis ne douterons lor borgois de noient. — Alisc.
1521. Plevi ma fame ... N'en gousteroie ... Tant com fuïsse arire retornés.

Nah atendre warten bis steht gewöhnlich tant que; selten wird
blosses que verwendet. In den meisten Fällen steht in dem mit tant
que resp. que konstruiertem Satze der Konjunktiv.

atendre mit tant que und dem Indikativ.

Deus Esp. 5861. et grant piece atendi Tant k'eure de prime passa. 5809.
— Ducs N. II, 2557. Atendent tant que lur leu virent. 38767. — Gar. 178,3.
— Lyon 1665. An ce panser a atendu Jusque tant, que ele revient. 4082. —
Ren. 74,15. Tant atendent ensamble que li jors est finés. 329,8.

atendre mit tant que und dem Konjunktiv.

Auc. 14,8. ne quidiés mie que j'atendisse tant que je trovasse coutel ...
-- Deus Esp. 1488. Atendes tant k'il uiegne. 1828. 2962. 8936. 7069. 8881.
— Ducs N. II, 21803. Garni del seigne precios U il soffri peine por nos, Atendrom
tant noz enemis Que lor façom sanglanz les vis. — Par 758. Un petit m'atendez,
Tant que mon seignor aie véu et esgardé. — Ren. 302,12. Miels me vient tant
atendre que l'en voie mener. — Rou II, 2556. Issi vus estuura, tant que lieus
seit, atendre. III, 3011. 3540/1. 7207.

atendre mit que und dem Konjunktiv.

Gar. I, 215,1. Se atendez que li rois vengne ici, Il vous fera conrecous
et maris. — Rou II, 909. Par quei n'atendiez Que ico fusse venuz. III, 6095.
N'atendez mie qu'il uos priet. II, 4080.

Endlich muss noch einer Erscheinung Erwähnung gethan werden, die sich ausser in der altfranzösischen nur noch in der altitalienischen Sprache findet. Es ist dies die Verwendung von si zur Einleitung eines Satzes, dessen Handlung, bezogen auf eine andere Handlung, dieser vorher geht. Man vergleiche hierüber: Gaspary, Altitalienisch und altfranzösisch si für ital. finché, frz. jusqu'à ce que in Z. f. r. Ph. II, 97. Gessner, Altfranzösisches si = bis, bevor; in Z. f. r. Ph. II, 572. — Ebering in Z. f. r. Ph. V, 346, G. Paris in Romania VIII, 297 und Tobler, Li Dis dou vrai aniel zu V. 1111.

Die Ansichten von Gaspary und Gessner stehen sich gegenüber. Beide stimmen darin überein, dass das afr. si dem lateinischen sic entspreche. Gaspary betrachtet nun dies si = sic als das zur Einleitung des Nachsatzes gebräuchliche sic. In der Konstruktion selbst liegt nach ihm eine Ellipse und zwar die des Vordersatzes zu dem mit si beginnenden Nachsatze. Der Satz Alisc. 2249: ne ja ma bouche ne sera adesee S'iert de la vostre besiee ... wäre also zu konstruieren: ainsque ma bouche soit adesee, s'iert besiee de la vostre. Gessner hingegen sieht in dem sic nicht das den Nachsatz einleitende Wort, sondern die koordinierende, satzverbindende Partikel. Das Wesentliche ist nach ihm der konsekutive Zusammenhang der Gedanken. Die Temporalbeziehung kommt erst in zweiter Linie. Auch G. Paris spricht sich gegen Gessners Ansicht aus. Nach ihm ist si in diesen Fällen adversativ oder restriktiv. Mit Gaspary möchte ich eine Ellipse des Vordersatzes annehmen; si leitet dann den Nachsatz ein.

Die ältesten Denkmäler bis zum Rolandsliede einschliesslich kannten diese Verwendung des si noch nicht. Erst im Laufe des zwölften Jahrhunderts kommt dieser Gebrauch auf. Die Verwendung des si = bis, bevor erstreckt sich hauptsächlich auf die nationalen Epen. Am häufigsten steht dieses si nach Verben der Bewegung. Am meisten verwendet werden sowohl im Haupt- als Nebensatze die futuralen Tempora. Weniger häufig findet sich in beiden Sätzen das Perfektum I. Der Vordersatz ist negiert, wenn der mit si eingeleitete Satz ein Ereignis enthält, das dem ersten der beiden Sätze vorhergeht. Auch das Erstrecken der Handlung bis zu einem Punkte kann durch si ausgedrückt werden, wenn der erste Satz positiv ist. Der Modus im si-Satze ist fast immer der Indikativ; nur einige Fälle zeigen den Konjunktiv.

1. Im Haupt- und Nebensatz steht ein Futurum.

Aiol. 9103: Et iure ... Ja mais ne mangera, si lor taura les menbres. 522.
1337. 5119. 5176. 5484. 7047. 9138. — **Alisc.** 7051: Ja entre nos n'aura acordison
Si t'en aurai rencu le guerredon. 7764.8331. — **Amis** 827: Ne voz mouvrez de
bonne cite, Si iert li jors et ti champs afinez. — **Deus Esp.** 7212: Ne ia por
ce nul mal n'aurai Ne n'ere mais lies, si saurai ... — **Fier.** 5229: N'i passeront
hui mais, si l'aueront comperé. 78. 87. 106. 124. 594. 748. 1025. 1284. 1691. 1757.
1776. 1914. 3026. — **Floov.** 1274: mais Richiers lor ai dit Que nus nou baiserai
si aurai Frans ociz. 1550. 1918/9. — **Gar.** II, 125,20: N'en tornerons si les
arons toz prins. II, 49,3. 128,19. 186,8. 255,18. — **Gui.** 145. 3103. 3900. —
Horn 3764: Jà ne finerai mès, si avera vengement De cel mal traïtur. 4630. —
Jourd. 3818. — **Par.** 1279: Et je l'ai Dameden et plevi et juré Que jamais ne
serai II nuiz an I ostel S'aurai véu lo pere ... — **Raoul** 3197: N'avront ja
pais ... Ces avrai faiz estillier et honnir. 3625. 4220. — **Ren.** 78,27: Jamais ne
finerai, s'es aurai vergondés 30,12. 60,16. 95,34. 128,17. 148,35. 250,21. 297,25.
345,28. 365,36. 372,15. 372,18. 374,25. 400,20. — **Rou.** III, 1245: Ja mais, ceo
dist, ioie n'aura, Si aura les Engleis huniz. II, 102. 825. 2158. 3955. 4264. III,
1694. 4434.

2. Im Haupt- und Nebensatz steht das Perfektum I.

Aiol. 4859: Ains le ior ne finerent, si uinrent a Orliens. — **Amis.** 908. —
Gar. I, 45,9. 145,13. 147,5. 155,6. 205,2. 245,19. 276,11. II, 93,14. 222,16. 266,21.
— **Jourd.** 166. 565. 799 — **Raoul.** 819. — **Ren.** 9910: Unques ne s'aresterent,
si vinrent as degrés. 119,29. 285,16.

3. Im Haupt- und Nebensatz stehen verschiedene Tempora.

Amis. 2675: Ne souffrez mie que je soie periz S'aurai veu mon conpaignon
gentil. — **Fier.** 2188: Mahomet me maudie ... Se je jamais menjue ne de pain
ne de blé Si l'arai l'amirant vostre pere conté. — **Gar.** II, 41,10: Ains ne fina,
s'est venus à Naisil. 54,26. — **Jourd.** 989. — **Par.** 1145: Don aie je daé Se j'ai
vostre fille ... Si aurai veu mon pere. — **Raoul.** 3432: Tele amendise ne pris
je I bliaut Si t'aurai mort ou encroé eu haaut.

4. In dem si-Satze steht der Konjunktiv.

Aiol. 10495: Qu'il ne desist I mot por l'or de X chites Si fust tres bien
I hon I grant arpent ales. 596. — **Deus Esp.** 2905: Si ne quic pas ke i'aie tort
Ne ne fais pas grant uilonie, Se chevalier ne salu mie, Cui i'encontre, si sace bien
Sans decenance et sans engien, Comment il apeler se font. — **Fier.** 316: Ja
D amedius ne plaice ... du'il puisse repairier, si ait le chief caupé. — **Raoul.**
3499: Ne fera pais, ... S'ait B. trait le cuer soz la mamele. 3826.

Aneinanderreihung von Temporalsätzen.

Von demselben Hauptsatze können mehrere von Konjunktionen
der Zeit eiugeleitete Nebensätze abhängig gemacht werden. Die

Nebensätze werden dann entweder mit derselben oder mit verschiedenen Konjunktionen konstruiert. Wenn der erstere Fall eintritt, so kann wiederum die Konjunktion: a. vor dem zweiten Nebensatz der Zeit wiederholt werden, b. vor dem zweiten Nebensatz ausgelassen werden, c. vor dem zweiten Temporalsatz durch que vertreten werden.

1. Vom Hauptsatze hängen mehrere beigeordnete, gleichartige Nebensätze ab.

a. Die Konjunktion wird vor dem zweiten Temporalsatz wiederholt.

Man vergleiche hierüber: Hirschberg, Auslassung und Stellvertretung im Altfranzösischen. Göttinger Dissertation. 1878. S. 34 seq.

Deus Esp. 3511/2: Car ia mais ne uenrai a cort Deuant ce ke uengies me soie Et deuant ce ke truisse et uoie Le chevalier as II espees. 247 seq. — Duca N. II, 29419/20: Ainz que les osz s'eu remuassent, Ne ainceis qu'eles s'en tornassent, Furent les forches aportées Et devant la porte levées. 32896 seq. — Jourd. 757/8: Gardez le bien, si ferez loiautez, Tant que il puisse et venir et aler, Deci qu'atant qu'armes puisse porter. — Rou III, 613/4: Ricard tint Gunnor lungement, Ainz ke il espuser la uosist E ainz que a ,femme la preist. 3616 seq.

Es kommt also die Wiederholung der ganzen mit que zusammengesetzten Konjunktion im Altfranzösischen vor (cf. Hirschberg S. 39). In Aiol. 2792 seq.: Quant il set et entent quil l'escarnist, Talent ot de l'espee l'alast ferir Quant il menbre del sens et des boins dis Que Elies ses peres li aùoit dit stehen zwei mit quant eingeleitete Nebensätze der Zeit, von denen der zweite ein überraschendes Ereignis ausdrückt.

Es kann der Hauptsatz, der schon durch einen vorhergehenden Temporalsatz mit quant näher determiniert ist, noch einen Zeitbegriff enthalten, der nun wieder durch einen Adverbialsatz mit quant bestimmt wird. So:

Fier. 155/6: Quant fumes repairié as loges et as trés Puis te vantas le soir, quant tu fus enivrés. — Rou. III, 1675/7: Quant cil s'en furent repairié ... Al seir, quant bien fu anuitie, S'en est li quens ale a pie. — Voyage 583/4: Quant l'avrai eu mon chief vestut et afublet, Demain quant li reis Hugue serrat a son disner, Mangerai son peisson et bevrai son clartet. — Brut 747 seq.

b. Die Konjunktion wird vor dem zweiten Temporalsatz ausgelassen.

Aiol. 9869: Ensi con li laron en furent desseure Et il durent ariere en los barges entrer, A los couteus d'achier se sont entremelle. — Amis. 1997: Lor amistiez fu moult tost desrompue, Ainz qu'il fust vespres ne la nuis fust venue.

— M. Brut 1689 seq.: Quant la nuiz out passei sun tur Et la clarteiz raiot de
jur, Que chantoient cil oiselun, Par l'ost se lievent cil barun. — Deus Esp. 8861/2:
Tant ne fu et pesans et gries Ma uie, puis ce ke ie soi La mort nostre pere et ie
n'oi De nous nule certainete. 11318/9. — Ducs N. 11, 5640 seq.: Quant choisirent les
gonfanons E virent ceus vers eus venir Prest de combatre e d'assaillir, Ne se
voudront pas leisser prendre Tant cum il se puissent defendre. 87101. 40860. —
Floov. 2007/8: Quant li amirans voit nos Francois si feranz, E il vit le secours
qui venuz est si granz, Adonc se tint il bien, l'amirans, por enfant Quant vit
isi morir Sarasins. — Gar. 1, 54,1: Demandez li, ... un respit Tant qu'ivers
passe et viegne li avrils. 11, 205. — Gui. 2492: Quant li rois Danemons sent
que cil, l'a feru, Et Huidelon ses peres avoit le coup véu, Bien set cil de la tor
en ont grant joie eu. — Par. 2380: Ainz quel sachent aa l'ost, ne la gent soit
armée, Ann i ot il ocis plus de dis charretées. — Raoul 7912/3: Quant l'amassors
a le conte choisit Et voit le cop qu'an Sarasin feri, De la paor fu forment esbahi.
— Ren. 189,21/2: Quant Richars ot passée l'anguisse et la dolor Et li gentis
vassax revint de pamisson, Jl est salis en piés. 428,15. — Rou. 111, 2860/1:
Des que le clerc la ius te tint, E il a sei traire la dut, Estendi sei e si murut.
11, 1052. 1299. 2255—7. 111, 595. 4069. 6572. 8207. 1205. 9849 seq.

c. Die Konjunktion wird vor dem zweiten Temporalsatz durch que aufgenommen.

Die Aufnahme der Konjunktion quand durch que vor einem
beigeordneten Nebensatze ist im Altfranzösischen selten. Doch ist
die Wiederholung von que bei den mit que zusammengesetzten
Konjunktionen keineswegs so selten, wie Hirschberg es S. 39 annimmt.

Aiol. 4838: Puis en auint Aiol I si fors enconbriers, Ains qu'il entrast en
Franche ne qu'il ueist Orliens, Qu'il en ot tel paor ... 8457/8. 8331. — Alisc.
4181/2: Endementiers que cil vont herbergant, K'il vont ronchis et cevaus
establant, Guill. esgarde par dalés I pendant ... — Auc. 8,36: Je prendrai les
armes par tex covens que ... vos me lairés Nicolete tant veir, que j'aie II pa-
roles u trois o li parlees et que je l'aie une seule fois baisie. 10,50. 40,30. —
Deus Esp. 5042/4: Je vous di ... Ke ie nul home n'en guerroie Deuant ce ke
a la cort soie Le bon roi ... Et que li aie demande Se nous ce estes. 11151/2.
Ducs N. 11, 37793/4: Ainceis ne cessent ne ne finent Ci que lor trefs i sunt
tenduz E que li chasteaus fu renduz. 11, 3054/5. 5804/5. 6386/5. 17559 seq.
17763/4. 22659/60. 80690/1. 33400/1. 34959/60. 39979. 40479/80. 41805/6. —
Gar. 11, 32,8: Ains que soit vespres ne que doie anuitir, Vous en ferai l'ame
don cors partir. ibid. 11, 193,1—8. — Gui. 3989: Puis que Diex herberja saint
Piere en pré-Noiron, Et qu'il resucita le cors saint Lasaron, N'ot nus hon tel
joie. — Horn 4511: Jà n'en turnera mais, çoe ad sa fei plevie, Tres que prise
l'avera e qu'il l'eit en baillie. — Jourd. 776/7: Gel ferai bien conraer et garnir
Tant que il puist desor cheval seir Et qu'il porra ses garnemens souffrir. —
Lyon 1519/20: Tant demora a la fenestre Qu'il an vit la dame raler Et que l'en
ot fet avaler Anbedeus les portes colanz. ibid. 4693/4. 5642. — Ren. 25,22/3: En-
cois vos aiderons, tant qu'il sera maté, Et que vos l'aures mis en vostre fermeté. 8,10.

Quant ist vor einem zweiten Nebensatze der Zeit durch que vertreten in: Auc. 2, 24: Ja dix ne me doinst riens que je li demant, quant ere cevaliers ne monte el ceval, ne que voise a estor në‘ a bataille, ... se vos ne me donés Nicholete, und Rou III, 9685 seq. En icel tens ... Fu la grant mote d'oltre mer, Quant Antioche fu conquise, E la cite de Niches prise, E que Jerusalem fu pris.

2. Vom Hauptsatze hängen mehrere von verschiedenen Konjunktionen eingeleitete Nebensätze der Zeit ab.

Aiol. 5225/7 : Bien i porai tant estre que tous serai kenus, Par le mien ensiant, IIIIXX ans et plus, Ains que fesise cose con en France seust. 9876. — Alisc. 8290/1 : Puis vont couchier, quant il eurent soupé Tresqe au matin ke il fu ajorné. 2285/6. — Comp. 2764 : Quant ele est tant alee Que la terre est posee Dedevant sa luur Dunc depert sa culur. — Chron. 2/8 : Mil cent e seisante anz out de‑tens e d'espace Puis que Deus en la Virge descendi par sa grace, Quant uns clers de Chaem, ... Sentremist de l'estoire de Rou. — Deus Esp. 5096/7 : et quant uint au main; Ains ke soleus fust esclaries Gaires, se fu il esueillies. 421/8. — Ducs N. II, 41008/4 : Puis que li siecles comença Ne jamais tant‑cum il durra N'en ert donée fille a Rei Plus hautement. II, 165—7. 701—4. 12039—41. 27674. 36602—5. 37882/3. 39272—5. — Gar. I, 165,3—5 : A mie-nuit, quant il orent dormi, A Crevecuer li quens Fromons en vint, Si come l'aube dut del jor departir. II, 65,2—4. 263,22/8. — Horn 4968 : Quant vint la mie-nuit ke lis reis se dormeit Si vit une avisiun. — Jourd. 2180—2 : Quant Jordains oit que si home li dient, Qu'il li convient a partir de s'amie, Ou qu'il les voit hautement lor escrie. 808/9. 1592/3. 2610/1. 3508. 4233/4. — Lyon 2476/7 : Quant li rois ot fet son sejor, Tant que n'i vost plus arester, Si refist son oirre aprester. — Raoul 7614 : Quant vint au terme que li enfes nasqui, Au baptisier l'apellerent Henri. — Ren. 96,28/4 : Ançois que il fust jors, en i vint grant plenté, Tant k'il furent VIIC as armes courées. 8,87/8. — Rou. III, 8153—5 : Des que tierce del ior entra, Que la bataille comenca, De si que none trespassa, Fu si deca, fu si dela, Que nus ne sout li quel ueintreit. II, 394. 1171—3. III, 621/2. 5377/80.

Inhaltsangabe.

Thesen.

I.

Afr. ré = Scheiterhaufen ist nicht vom lat. rēte Netz abzuleiten, sondern von ratem Floss.

II.

Die Danasche Theorie, dass die Fjordbildungen sich auf ehemalige Gletschergebiete beschränken, ist nicht festzuhalten.

III.

Nfr. percer, afr. percier ist abzuleiten von * peritiare und nicht von pertusiare.

Vita.

Ich, Karl Reinhold Oskar Mätschke, ev. Konfession, Sohn des Postsekretärs Aug. Mätschke und seiner Ehefrau Julie, geb. Kramer, wurde geboren am 2. April 1862 zu Fraustadt in der Provinz Posen. Den ersten Unterricht genoss ich in Privatschulen zu Meseritz und Fraustadt. Ostern 1870 wurde ich in die Septima der damaligen Königlichen Realschule I. Ordnung meiner Heimatsstadt aufgenommen. Nach Absolvierung dieser Anstalt bezog ich Ostern 1882 mit dem Zeugnis der Reife die Universität zu Breslau, um mich dem Studium der neueren Sprachen zu widmen. Ich verblieb dort 3 Semester und begab mich Michaelis 1883 nach Kiel. Im Winter-Semester 1884/5 erhielt ich den erbetenen Urlaub zwecks einer Reise nach der französischen Schweiz, um dort meine Kenntnisse in der französischen Sprache zu vervollkommnen. Im Mai 1885 kehrte ich wieder nach Kiel zurück. Das Winter-Semester 1886/7 brachte ich in meiner Heimat zu. Am 23. Juli 1887 bestand ich das philosophische Doktorexamen.

Während meiner Studienzeit hörte ich die Vorlesungen der Herren Bobertag, Erdmann, Förster, Gaspary, Glogau, Gothein, Jacobi. Kölbing, Körber, Krohn, Krümmel, Lichtenstein, Partsch, Sarrazin, Sterroz, Stimming, Weber. Allen genannten Herren, besonders aber Herrn Professor Dr. Stimming, sage ich für den empfangenen Unterricht meinen wärmsten Dank.